Avant d'entrer dans une classe de philosophie, est-ce que je sais ce que je vais y faire, ce que je vais y étudier ?

Pas vraiment. Aucune discipline n'est aussi mystérieuse. C'est ainsi qu'est né ce petit livre : de la perplexité d'élèves de Première désireux de faire connaissance avec la Philosophie durant leurs vacances d'été. S'il existe en effet beaucoup de manuels et d'ouvrages scolaires, aucune initiation préalable ne répond à cette situation unique et singulière.

L'auteur a donc tenté de combler une lacune en guidant le plus agréablement possible l'élève qui vient de terminer sa Première vers des travaux plus documentés, plus précis et, bien sûr, vers les textes fondamentaux des grands philosophes.

Ces trente mini-leçons – correspondant aux trente jours d'un mois d'été – constituent, du fait des circonstances de leur composition, le testament philosophique de l'auteur à l'usage des jeunes générations.

La langue claire, élégante et mesurée, le ton souriant de cet ouvrage sans pesanteur le destinent à tous ceux qui s'intéressent aux enjeux de la réflexion philosophique. Puissent-ils y prendre plaisir et tomber sous son charme !

Dominique Janicaud, professeur de Philosophie à l'université de Nice-Sophia Antipolis, a rédigé cette initiation à l'intention de sa fille Claire qui allait entrer en classe de Terminale, durant les mois de juillet et août 2002. Le texte, tel qu'il est, a été terminé le 17 août.

Dominique Janicaud est décédé le 18 août 2002.

les bonheurs de sophie

collection *Fonds perdus*
codirigée par yves michalon et jacques neyme
ISBN 2-84186-349-2

logo et maquette de couverture : michel denis

dominique janicaud

les bonheurs de sophie

une initiation à la philosophie en 30 mini-leçons

---

présentation de
clément rosset & paul veyne

FONDS PERDUS
MICHALON

CET ÉCRIT POSTHUME de Dominique Janicaud, très atypique dans son œuvre, n'est pas à proprement parler une énième « introduction à la philosophie », encore moins une nouvelle tentative de rendre soudain, par un coup de baguette magique, la philosophie accessible à tout le monde. Pas question de dissiper ici en un clin d'œil les difficultés de la *République* ou de la *Critique de la raison pure*, ni d'expliquer la pensée de Hegel ou de Nietzsche en deux coups de cuiller à pot. Ce charlatanisme intellectuel, qui fait ordinairement l'enthousiasme des médias et l'ébahissement des naïfs, est aux antipodes de ce que se propose Janicaud dans ce livre-testament. L'enjeu des *Bonheurs de Sophie* est à la fois plus modeste et plus réaliste, je dirais aussi plus difficile à gagner que celui des tours de prestidigitateur que je viens d'évoquer, qui jouent sur l'effet d'esbroufe et sur la docilité avec laquelle nombre de gens aiment à se laisser mystifier. Cet enjeu n'est pas d'essayer de commencer à introduire un peu de sagesse ou de connaissances philosophiques dans la cervelle des jeunes esprits auxquels l'ouvrage est en principe destiné, mais simplement d'éveiller l'intérêt de ceux-ci à l'égard d'un domaine qui leur est étranger. Les orateurs romains appelaient *captatio benevolentiæ*, « captation de bienveillance », cet art d'éveiller l'intérêt de leurs auditeurs et de les disposer d'entrée de jeu, sans avoir l'air d'y toucher, en faveur des thèses qu'ils se préparaient à défendre par une sorte de mise en prédisposition favorable qui éveille à la fois l'attention et la sympathie. C'est pourquoi Janicaud, et c'est là à mon avis le point fort de son livre, ou encore sa fausse naïveté, ne dit au fond jamais quoi que ce soit de ce que pensent Platon, Descartes ou Kant. Il fait mieux : il inspire à ceux qui n'en ont aucune idée l'envie d'en savoir plus et d'y aller voir. C'est pourquoi aussi les grands problèmes philosophiques sont ici plutôt suggérés qu'abordés, au fil de ce qui ressemble plus à une libre causerie qu'à un propos ordonné et suivi. Là encore il s'agit moins de donner à penser que d'éveiller l'intérêt envers l'exercice de la réflexion. Tel un menu alléchant qui ne donne rien à manger mais éveille l'appétit.

Pour user d'une comparaison plus philosophique, on pourrait dire du livre de Janicaud ce qu'Héraclite disait de l'oracle de Delphes : qu'il ne cache ni ne révèle rien, mais qu'il interpelle (qu'il « fait signe »).

Clément Rosset

DESTINÉ À DES LYCÉENS qui entrent en terminale, ce livre n'en est pas moins un livre d'adulte pour des lecteurs considérés comme des adultes, car l'auteur, que j'ai un peu connu, était un noble caractère qui appliquait le premier principe des vrais civilisés, qui est de parler d'égal à égal à tous, homme ou femme.

Ce livre de format si petit montre une chose que la majorité sans doute des adultes ont le malheur de ne pas savoir : que l'étude de la philosophie ne « sert » à rien, sauf à… élargir, enrichir et élever la personnalité de chacun dans tous les domaines. Elle sert aussi à faire comprendre que l'important n'est pas d'avoir des opinions, des « convictions » (le dernier des imbéciles peut en avoir et, généralement, en a et y tient fortement) ;

mais de savoir pourquoi on suppose que telle ou telle conviction est plus juste ou plus vraie qu'une autre. Bref, elle nous habitue à contrôler ce que nous disons et pensons.

Elle fait plus que de nous apprendre des « choses » : elle nous montre que, sur n'importe quel sujet, personnel, politique, etc., *on ne peut pas dire n'importe quoi* : il faut savoir pourquoi on le dit et quelles raisons on a de supposer vrai ce qu'on dit ou de trouver fausses les raisons des autres. Elle élève le niveau des discussions. Elle apprend à raisonner, à discuter et donc à mettre en doute les vérités d'autrui… ou celle des religions et des pouvoirs. C'est pourquoi les régimes dictatoriaux prohibent l'enseignement de la philosophie.

Mais prévenons une confusion : la philosophie n'enseigne pas le raisonnement comme la physique enseigne les lois du pendule ou de la chute des corps : elle *habitue* à raisonner et elle le fait en donnant des exemples de raisonnements, à savoir ceux des philosophes. Elle vous éduquera sans que vous vous « en rendiez compte », de même que les exercices gymniques, qui peuvent paraître inutiles ou fastidieux, vous rendent plus forts et plus agiles sans que vous vous en rendiez compte.

Car, comme tout enseignement, celui de la philosophie enseigne des faits : ce que Descartes pensait du *Cogito* et Kant, des limites de la raison, mais ce ne sont pas ces choses qui importent par elles-mêmes : ce sont des moyens de vous habituer à donner des raisons. Ce qui importe est qu'en faisant l'effort de chercher à comprendre la pensée de Kant (ce qui n'est pas facile), on change de niveau intellectuel, on se raffine, on *se civilise.* Il en est, de la philosophie, comme des gammes que fait un pianiste ou comme les exercices que l'on fait au gymnase : cela ne sert à rien par soi-même, mais cela exerce les mains ou le corps et les rend aptes à mieux faire toutes les diverses autres choses que l'on fera par ailleurs, choses utiles à soi ou aux autres ou choses faites pour le plaisir, le sien ou celui des autres. Y compris l'amour, qu'il vaut mieux faire en civilisé. Après une année de philosophie, vous ferez mieux ce que vous faites dans tous les domaines, parce que vous aurez plus de recul sur vous-même et sur vos propres opinions, sur celles d'autrui et sur celles du gouvernement. C'est utile même lorsque nous arrive un de ces malheurs qui n'épargnent aucun de nous, tôt ou tard.

En outre, ces exercices de gymnastique intellectuelle

ne sont pas seulement utiles indirectement à tout futur travailleur, quel que doive être son travail (car le travail qu'on dit sottement « manuel », ou encore le sport, incorporent tout un monde de réflexions implicites, « inconscientes », si vous voulez) : ces exercices sont également utiles plus directement, par le fait qu'ils sont en eux-mêmes… inutiles. Oui, cela ne sert à rien d'avoir appris un jour ce qu'était la critique kantienne, puis de l'avoir oubliée (car on l'oubliera), mais cela avait enseigné au passage qu'il n'existe pas seulement, en ce monde, des choses utiles : à côté de la vie de tous les jours, qu'il faut « gagner », il existe un continent immense, fait de choses et d'idées gratuites, inutiles, à la façon du loisir, du tourisme, des jeux et des rires, de la musique, de la religion pour les croyants et aussi pour ce qu'en pressentent certains incroyants. Ce sont ces choses inutiles qui font une grande partie du plaisir, du luxe et de la noblesse de l'existence, et cela s'appelle la civilisation.

Paul VEYNE

Pour Claire

Ce petit livre n'a d'autre ambition que de répondre à une lacune qui m'a été signalée par des élèves de Première désireux de *faire connaissance* avec la Philosophie durant leurs vacances d'été, après avoir passé les épreuves anticipées du bac. Il existe beaucoup de manuels ou d'ouvrages scolaires portant sur les questions inscrites au programme, mais aucune initiation préalable.

Les nouvelles instructions officielles font même l'impasse sur la question : « Qu'est-ce que la philosophie ? », comme si l'on pouvait se lancer dans la réflexion philosophique sans savoir ce que l'on fait ni ce que l'on vise. La question portant sur la philosophie elle-même est-elle considérée comme négligeable, ou comme trop difficile ?

On tente ici de combler, entre autres, cette lacune par une initiation accessible à tout élève qui vient de terminer sa Première, quelle que soit sa section. Cette initiation ouvre la voie à des travaux plus documentés, plus précis et plus ambitieux, en particulier à la lecture de textes fondamentaux des grands philosophes qui ne font ici qu'une entrée discrète.

Pour l'instant, chers lecteurs, n'ayez pas peur de la Philosophie ! Laissez-vous guider doucement et, on l'espère, agréablement, pour faire sa connaissance. L'effort demandé n'est pas excessif. Il peut être effectué avant le bain ou l'escalade. Il ne fait que suggérer ce qu'il faudra bientôt compléter et discuter.

Chaque chapitre correspond à une mini-leçon qui doit représenter environ un quart d'heure de lecture. Le ton est celui de la conversation. Il y a trente leçons comme trente jours dans un mois. Août ou juillet ? Choisissez ! Est-ce trop demander ?

–I

NI RITE NI MOT DE PASSE !

SE RAPPELLE-T-ON les véritables commencements ? comment on a commencé à marcher, à parler, à prononcer son propre nom, à reconnaître papa, maman ? Tout cela est trop lointain et semble maintenant négligeable. Quand on a seize ou dix-sept ans, on se souvient d'événements plus significatifs : les premières expériences scolaires, des débuts musicaux, un mariage familial, un grand chagrin et peut-être quelque chose comme un premier amour.

Chacun de ces événements est une rupture,

petite ou grande, dans la vie quotidienne. L'initiation à la philosophie va-t-elle être une telle déchirure du tissu de la vie, telle qu'on se dira après coup : « Rien n'est plus comme avant... » ? Il est trop tôt pour le savoir. Mais il apparaît déjà que l'initiation à la Philosophie n'a rien à voir avec un rite de passage ou un rite d'initiation.

Un rite est un geste chargé de sens social et religieux, geste obligatoire et codifié. La circoncision dans la tradition judaïque marque l'admission du jeune mâle au sein de la communauté. L'infibulation, les scarifications, les tatouages sont autant de marques irréversibles de la croissance ou de la maturité au sein d'un groupe dans certaines sociétés traditionnelles.

Le rite de passage devient un véritable rite d'initiation lorsque le groupe (ou la communauté) s'en sert pour inculquer à l'individu des instructions ou des formules qui l'introduisent comme membre à part entière. Toutes les religions en comportent. Les sociétés secrètes aussi, et même certains gangs. Tamino, dans l'opéra de Mozart, *La Flûte enchantée*, doit se soumettre à plusieurs épreuves symboliques qui ont une signification profonde et qui correspondent à des rites de la franc-maçonnerie.

Quand on a traversé ces rites, on est quitte. On est un autre homme, une autre femme. On est un adulte, un guerrier ou un initié. On connaît les codes ou le mot de passe.

Il n'y a ni mot de passe ni formule magique pour devenir philosophe. Pas de tatouage ni de baptême. Pas d'hystérie collective ni d'invocation de Dieu ou des esprits. Pas de transe charismatique, pas de cris ni de chants.

La philosophie est-elle trop austère pour des jeunes qui veulent s'amuser, danser, s'éclater ? Peut-être… Mais le jour succède à la nuit, le calme au bruit, le sérieux au jeu.

La jeunesse doit-elle ne connaître de la vie

qu'une de ses faces, au risque de s'effondrer dans la dépression quand elle découvrira les rudes réalités de l'existence ? Le calme, l'esprit critique, le silence doivent-ils lui demeurer étrangers ? Pourquoi s'interdirait-elle plus de curiosité et de responsabilité ?

À l'horizon de cette lucidité et de cette responsabilité, il y a la réflexion philosophique. Elle peut aussi stimuler la passion et l'enthousiasme. Pourquoi pas ? Mais elle n'est ni primitive ni religieuse. Aucun tatouage n'en témoigne. Aucun sacrement ne l'assure. Elle n'est ni le produit de l'activisme de groupes militants, ni une fascination de masse.

N'en attendez pas autre chose que ce qu'elle peut vous apporter en fonction de vos propres efforts : d'abord du recul, plus d'intelligence et de conscience. Est-ce négligeable ? Elle ne va pas tout vous promettre ni tout vous permettre. Elle ne doit pas non plus vous déconcerter, vous détruire. « Tout ou rien » n'est pas sa devise.

Le professeur de philosophie n'est pas un initié qui va vous prêcher le salut ou vous montrer la lune. S'il le fait, méfiez-vous ! Gare au gourou !

-2

GARE AU GOUROU !

AUX INDES, un gourou est un sage reconnu, un maître qu'on décide de suivre et d'écouter, parfois durant des années. Nombreux sont les jeunes qui ont fait ce « pèlerinage aux sources », comme Lanza del Vasto l'avait effectué avant les *hippies* des années 1960, pour échapper à notre civilisation du bruit et du fric, trouver la sérénité et de nouvelles raisons de vivre.

Cette démarche est respectable. N'est-elle pas profondément philosophique ? En tant que recherche d'une sagesse, certainement. Il y a même eu des liens historiques entre la Grèce ancienne et l'Inde lors de la gigantesque et folle expédition d'Alexandre le Grand, au IIIe siècle avant Jésus-Christ : les philosophes qu'on a appelés les « Gymnosophistes » (c'est-à-dire les sages nus) semblent bien avoir été des disciples ou des imitateurs des pratiques observées aux Indes.

Un reproche souvent formulé contre la philosophie occidentale est d'être trop abstraite. Si tel est le cas, ne faut-il pas donner raison à ceux qui prônent la méditation auprès d'un gourou et qui changent radicalement de vie ?

En l'admettant provisoirement, faisons quelques observations de bon sens : doit-on prendre une telle décision sans réfléchir ? Ne faut-il pas en particulier se demander si l'on peut passer, sans transition ni précaution, d'une tradition culturelle à une autre ? Enfin, comment dénicher un vrai maître de vie, quelqu'un qui mérite totalement notre confiance ?

Ces questions sont déjà philosophiques, puisqu'elles conduisent à s'interroger sur la meilleure voie à emprunter pour atteindre la sagesse. Elles font prendre conscience de ce qui est propre à la tradition occidentale ; elles encouragent à s'informer sur les richesses spirituelles de l'Inde et à se demander selon quel critère, on peut un jour décider de s'attacher à un maître.

Un impatient m'objectera qu'en suivant cette méthode, on ne partira jamais. Je réponds : « Non. Pas forcément. Si vous voulez partir, partez ! C'est devenu si facile et si banal à notre époque de tourisme mondialisé. Beaucoup l'ont fait et le font encore. L'expérience a montré que les "résultats" sont extraordinairement variables, bénéfiques ou nuls suivant les cas, parfois dramatiques. Croire que le seul déplacement donnera la sagesse est un mirage. »

S'il ne conduit qu'au doute et à un scepticisme systématique, l'esprit critique peut devenir une faiblesse. Mais il est aussi et surtout une force s'il aide à démasquer les idées reçues ou le charlatanisme.

S'il est vrai que l'exemple d'un sage ou d'un saint homme qui médite est profondément digne d'écoute et d'attention, il ne faut pas hésiter non plus à poser des questions qui peuvent paraître d'abord incongrues : quel critère ? quel argument ? et si le gourou se trompe et me trompe ?

En philosophie comme en science, la valeur d'une raison ne se mesure pas en fonction de la personne qui la présente. Ni son âge, ni le ton de sa voix, la profondeur de son regard, ni sa réputation ne doivent entrer en ligne de compte.

Extraordinaire rupture ! Un théorème n'est pas vrai parce que le prof de Maths qui l'énonce est beau : il en est de même en Philosophie. Une hypothèse résiste-t-elle à l'examen ? Un raisonnement est-il absurde ? Une pensée est-elle digne d'attention ? De telles questions méritent d'être prises en considération pour elles-mêmes et librement, sereinement. Tant mieux si le prof est sympa, intelligent, séduisant ; mais gare aux confusions ! S'il se présente comme un gourou, méfiez-vous !

Chacun a en mémoire la célèbre photo d'Einstein tirant la langue. Voilà un grand homme qui aurait pu se prendre pour un gourou et qui ne l'a pas fait : attitude vraiment philosophique ! Dès avant Socrate, un certain Héraclite, surnommé l'Obscur, commence ainsi une de ses sentences : « Non pas de moi, mais du *Logos*… » Il veut dire : ne me regardez pas, méditez ce vers quoi je fais signe, le *Logos* (la moins mauvaise traduction serait peut-être, à titre provisoire, « l'unité du sens »).

Oui, l'esprit critique est vraiment essentiel à toute démarche philosophique. Grâce à lui, la confiance que vous accorderez à tel ou tel prof, à tel ou tel maître, sera motivée, solide, éclairée.

C'est cet esprit critique que je souhaite vous aider à acquérir.

3

L'ESPRIT CRITIQUE SEULEMENT ?

FAIRE PREUVE d'esprit critique est considéré aujourd'hui à juste titre comme une qualité fondamentale dans une société démocratique et même comme un facteur de développement. Sans cette qualité, comment choisir raisonnablement une bonne solution pour soi-même comme pour la collectivité, comment discerner les avantages et les inconvénients d'une hypothèse, d'une proposition ? comment sélectionner ses achats, gérer son budget ? De l'économie à l'art, de la psychologie à la vie morale, faire preuve d'esprit critique, c'est savoir s'orienter dans l'existence.

Qui refuse l'esprit critique ? Le tyran, le dictateur, dans un régime totalitaire ou policier. Alors, pas question de faire l'esprit fort ! Il faut filer doux, appliquer les consignes du Chef suprême ou du Parti au pouvoir.

Pourtant, tout est-il si simple ? L'esprit critique sera-t-il la panacée de toutes les difficultés ? Il y a d'abord une condition à ne pas oublier : pas d'esprit critique sans une éducation et une formation suffisantes. Qui ne sait ni lire ni écrire, qui n'a nul accès aux sources d'informations pourra-t-il faire preuve de discernement, s'il est jeté dans les faubourgs d'une grande métropole ? Pour toutes les populations démunies qui luttent en vue de leur survie immédiate, l'esprit critique ne signifie pratiquement rien ; c'est un luxe qu'on ne pourra se permettre que dans des jours meilleurs, lorsqu'on bénéficiera éventuellement d'un début d'autonomie intellectuelle et culturelle.

À partir de cette précision, on peut également comprendre que la notion d'esprit critique a été totalement absente de l'immense majorité des sociétés anciennes et traditionnelles où l'autorité était détenue par un chef, un patriarche ou un prêtre. Dans de telles sociétés, de type clanique, chacun doit jouer son rôle utile ou rituel. En fait d'esprit, c'est celui du groupe (ou de ses dieux) qui seul compte. Tout au plus peut-on admettre des délibérations entre Anciens, des palabres peut-être, sur des questions qui tiennent à cœur. Mais la culture d'un « esprit critique » en général y paraîtrait incongrue ; elle ne serait tout simplement pas comprise ; elle n'aurait aucun sens.

Ces constats ne doivent pas nous donner un complexe de supériorité, en nous laissant croire que nous sommes intrinsèquement supérieurs à ces peuples et à ces civilisations. Ils doivent plutôt nous inciter à mieux comprendre les caractères propres à notre civilisation.

Une fois de plus, il faut reparler de la Grèce ancienne ! *Krisis* est un mot grec qui veut dire : distinction, séparation, choix. Tous les Grecs faisaient-ils preuve d'esprit critique ? Certainement pas. Mais c'est à Athènes, à la fin du Vᵉ siècle avant Jésus-Christ, qu'apparaît un certain Socrate : un sage d'un type nouveau qui interroge sans cesse, déconcerte par son esprit de contradiction, prétend que lui-même sait qu'il ne sait rien. Il se heurte à de fortes résistances, puisqu'il est finalement mis en accusation et se voit condamné pour avoir « corrompu la jeunesse ». Mais son exemple lui survit, sa manière de discuter fait école, le dialogue socratique devient un recours et même une méthode, une discipline. L'esprit critique et l'esprit philosophique ont ainsi fait alliance sous le patronage de Socrate, ce sage qui – comme l'a noté Nietzsche – n'a jamais rien écrit !

En fait, il a fallu des siècles et traverser bien des épreuves avant qu'on admette la valeur de l'esprit critique. Socrate avait une sacrée avance ! À l'aube des Temps modernes, Galilée qui tient tête à ses juges, en soutenant que la Terre tourne autour du Soleil, n'a qu'un tort, celui d'avoir raison contre l'autorité établie.

Même aujourd'hui, trop d'esprit critique paraît souvent dangereux. Qui ne critique que par négativisme, pour déconcerter ou détruire, sera traité de « nihiliste », quelqu'un qui ne croit à rien et qui détruit par principe.

Comment trouver le bon usage de cet esprit critique qui devrait être considéré et appliqué comme une qualité ? En ne transformant pas le moyen en fin. L'esprit critique est un instrument : est-ce un but en soi ?

Le bon sens répète que critiquer pour critiquer

ne mène à rien. S'il n'a pas tort, il faut poursuivre la réflexion philosophique à la fois grâce à cet esprit et au-delà de lui.

L'esprit critique est une condition nécessaire, mais non suffisante de la philosophie. Un peu plus de philosophie et l'on accroîtra aussi le sens et le contenu de l'esprit critique.

-4

Un mot-valise ?

Il y a des mots qui désignent directement une réalité claire et nette. Ainsi « cerise » ou « vélo » renvoient à un fruit bien connu et à un instrument commode de locomotion. Même dans un domaine plus abstrait, quand on lit « Anglais » ou « Physique » sur un emploi du temps, on comprend tout de suite qu'on va apprendre la langue anglaise, étudier quelques lois ou propriétés de la nature matérielle.

Avant d'entrer dans une classe de philo, est-ce que je sais ce que je vais y faire, ce que je vais y étudier ? Pas vraiment. C'est une situation unique et singulière. Aucune autre discipline n'est aussi mystérieuse.

Pourquoi ? Est-ce que le mot « Philosophie » va nous aider ?

Dans un premier temps, il est plutôt déconcertant. On l'utilise à tort ou à raison. Il fait chic. Ouvre-t-on la radio ? On entend le Premier ministre présenter sa philosophie de l'action gouvernementale. Regarde-t-on la télévision ? On voit un représentant de la majorité parlementaire dire qu'il faut prendre la hausse des tarifs des services publics avec philosophie. Dans le premier cas, philosophie veut dire « conception générale » : c'est vide, mais « ça fait bien ». Dans le deuxième cas, « philosophie » veut dire modération, bon sens. Pourquoi convoquer la philosophie pour donner des conseils de bonne femme ?

Ces usages courants, trop courants, du mot ne nous avancent guère. Ils nous égarent plutôt dans une sorte de terrain vague où ils ne correspondent qu'à des banalités. Si c'est cela, la philosophie, autant rester chez soi ou bavarder avec sa concierge.

Évidemment, la philosophie ne se réduit pas à cela. Il faut s'interroger sur le sens d'un mot fort riche. Mot-valise ? Ouvrons le bagage... Y trouvons-nous n'importe quoi ? Non. L'origine de ce mot est doublement significative : c'est un mot qui nous vient de la Grèce ancienne, et dont l'origine est directement instructive.

Qu'il provienne de la Grèce du Ve siècle avant Jésus-Christ n'est pas indifférent. C'est la même patrie et la même époque qui nous lèguent la géométrie d'Euclide et l'idéal de la démocratie. La philosophie naît avec une science rigoureuse et désintéressée ; et cet esprit dégagé des mythes se met en quête d'un régime politique libéré de la tyrannie. Cela n'a rien de banal ni d'anodin. Même aujourd'hui, la triple alliance de la philosophie, de la science et de la démocratie est toujours fragile et ne s'est pas étendue à toute la planète. Il subsiste trop de dictatures, trop de superstitions et de fanatisme.

Quant à l'origine du mot « philosophie », elle n'a rien de mystérieux : « philosophie » veut dire littéralement amour du savoir ou de la sagesse. Nous avons en français des mots comparables en *-philie,* par exemple l'inquiétante zoophilie (amour des animaux), la triste pédophilie (amour des enfants). L'amour n'a pas alors son meilleur visage. Mais lorsqu'il se tourne vers la *sophia*, il perd ses côtés sordides, il se tend vers un idéal supérieur, il cherche à réaliser une vie belle et bonne. Comment traduire *sophia* pour donner une juste idée de ce que les Grecs anciens entendaient par là ?

De nos jours, la sagesse a pris un coup de vieux : elle est devenue – à tort – le symbole d'un équilibre trop modéré. Notre savoir, quant à lui, reste souvent abstrait, compartimenté en spécialités. Avons-nous perdu le bel équilibre de la *sophia* ?

Un savoir-vivre supérieur et de la plus haute qualité, c'est bien ce qu'ont recherché les Sages de la Grèce et les premiers philosophes. Est-il trop tard pour nous mettre à leur école ?

5

Majuscule ou minuscule ?

On est toujours un peu intimidé devant un édifice historique, que ce soit Saint-Pierre de Rome ou les Pyramides. N'est-ce pas aussi le cas lorsqu'on aborde la Philosophie en son unité monumentale ? Bien qu'on ne puisse pas la découvrir d'un seul coup en un seul lieu, elle se laisse dénicher dans des bouquins. Elle est liée à des grands noms : Descartes, Kant, Nietzsche par exemple. Elle se présente alors comme un ensemble imposant de textes majeurs et difficiles. Comment les aborder ? Arrivera-t-on jamais à en faire le tour ?

Un monument historique bénéficie d'une visite guidée. C'est commode, mais c'est aussi conventionnel. La plupart des touristes s'en contentent. Certains aimeraient plus de liberté ; mais ne seraient-ils pas un peu perdus sans guide ? Avec les grands textes de la philosophie : Parménide, Platon, Aristote, etc., l'abord risque d'être rude. Ne sera-t-on pas tout de suite désorienté ? On réclame de l'aide ; c'est bien normal ; mais les « visites guidées » vont-elles se réduire à quelques résumés, à de brefs extraits qui vont faire perdre à ces grands auteurs toute leur vie et même leur intérêt ?

Aborder la Philosophie paraît donc une tâche plus compliquée que visiter un monument. Dans les deux cas, on parle de « s'en faire une idée ». C'est vite dit !

Comment se faire une idée de la philosophie en cette unité impressionnante qui en fait une référence essentielle de notre civilisation occidentale ? J'allais dire : une tradition. Peut-être même la tradition par excellence de nos idées et de nos valeurs...

Ces grands mots font peur, ils risquent de nous paralyser, comme une immense paroi à escalader pour qui ne fait pas de varappe ! Un moyen de résoudre la difficulté serait de contourner l'obstacle. Supposons-la résolue. On peut laisser les monuments historiques dormir en paix, dans leur majesté.

Au lieu de mettre une majuscule au mot philosophie, décidons tout simplement qu'il désigne une activité parmi d'autres. Après tout, il y a aujourd'hui des gens qui font de la philosophie : des étudiants, des professeurs, mais aussi de libres amateurs. Se promènent-ils tous avec de gros livres et deviennent-ils des rats de bibliothèque ? Dès qu'une idée se présente, aussitôt qu'un argument est échangé, faut-il avoir recours à Platon ou Aristote, comme le Maître de Philosophie dont Molière se moque ? Ne peut-on être philosophe avec clarté et bon sens, en réfléchissant sans prétention ni jargon ?

Répondre positivement est facile dans un premier temps. Il faut alors tenter l'expérience. Philosopher à partir de zéro ? Philosopher sans filet ? C'est justement en se jetant à l'eau, en essayant pour de bon, qu'on mesure les possibilités et les risques de l'entreprise…

Pour l'instant, écrivons philosophie sans majuscule. Laissons Platon et Aristote au placard. Bricolons avec les moyens du bord.

- 6

Un bout d'essai

Je ne suis pas un habitué des cafés de philo. L'autre jour, nous étions attablés dans un café sans prétention, dans le Vieux-Nice, après avoir visité la nouvelle bibliothèque Louis Nucéra et avoir montré le MAMAC (Musée d'Art Moderne et d'Art Contemporain) à Bernie et Judie, nos copains américains.

Nous venions de voir un exemplaire du fameux tableau d'Andy Warhol, reproduisant en échantillons multiples l'image la plus stéréotypée de l'actrice. Du coup, la conversation a porté sur Marilyn Monroe.

« Ce qu'elle est moche ! », as-tu lancé. J'ai répondu que je n'étais pas d'accord, qu'elle était magnifique et qu'on venait encore récemment de la célébrer comme la plus grande beauté du XXe siècle.

« Cela ne prouve rien !... », as-tu répondu. Là-dessus la discussion s'est compliquée et enflammée, Bernie soutenant que c'était justement parce qu'elle était la plus belle qu'elle devenait irreprésentable – ce que Wahrol avait voulu faire comprendre par ses répétitions parodiques.

Judie, quant à elle, ne la trouvait ni belle ni laide :

« C'est le type même de la putain américaine, et donc vulgaire. Puisque je suis américaine, j'ai le droit absolu de le dire !... La beauté, je ne sais pas ce que c'est ; et ce n'est pas en regardant les déjections de Warhol que je l'apprendrai. Vous avez l'air mieux renseignés. Tant mieux pour vous ! »

C'était un défi. J'ai voulu y répondre en montrant à Judie qu'elle avait au moins reconnu en Marilyn une beauté physique.

« Oui, mais si conventionnelle qu'elle n'est plus vraiment belle, a-t-elle répliqué. D'ailleurs, la beauté n'a plus aucun sens au XXe siècle...

Et même au XIXe, a renchéri Bernie.

Elle est moche, rien de plus... », as-tu répété.

Je t'ai objecté que parler de laideur renvoie à un certain idéal de beauté et je t'ai demandé quel était ton critère.

À quoi tu as répondu qu'il n'y avait pas de critère, que chacun avait son idéal.

– « Mais s'il y a autant d'idées de la beauté que d'individus, il n'y a plus d'idéal.

– S'il y a un idéal, est-ce une idée abstraite ?...

– Non la beauté grecque est proche de l'idéal, mais elle n'est pas abstraite...

– Mais plus personne n'est touché par la beauté grecque. La beauté ravageuse, c'est la beauté du diable…

– Encore la beauté, toujours la beauté, a repris Judie, après vous avoir entendus, je ne sais toujours pas ce que c'est.

– *Look !*, ajoute Bernie, je viens d'en voir une passer. Une rousse pourtant, c'est rare. »

Trop tard ! La rousse avait déjà disparu. Nous n'avons pas su si elle aurait pu, sans le vouloir, nous mettre d'accord. Nous avons ri et nous avons constaté que nous n'avions pas beaucoup avancé.

« Pas de conclusion, comme généralement en philo…, a dit Bernie.

– Mais nous n'avons pas fait de philo…, as-tu répliqué.

– Un peu sans le vouloir : qu'est-ce qui est beau ? qu'est-ce que le beau ? Je ne peux pas m'empêcher de penser que ce sont des questions philosophiques », ai-je ajouté en promettant de t'en donner les raisons à la maison, un peu plus tard.

Socrate et Hippias vont nous y aider.

❧

7

Socrate et Hippias interviennent

Nous sommes à Athènes. Socrate rencontre Hippias revenant d'Élis, cité proche d'Olympie, qui l'a choisi comme conseiller et ambassadeur.

Socrate, petit, vif, légendairement laid, a une allure qu'on devine plutôt négligée. Hippias, fier de lui, se croit un grand personnage : sophiste réputé, il se fait fort de tenir les plus belles plaidoiries et de résoudre les problèmes les plus difficiles. De nos jours, il serait avocat international ou consultant d'une multinationale.

Devant ce vantard, Socrate feint la modestie et l'embarras : il avoue ne pas avoir su répondre à la question : « Qu'est-ce que le beau ? »

Hippias répond que rien n'est plus facile, mais il entend à sa façon la question qui devient selon lui : « Qu'est-ce qui est beau ? » Réponse : c'est une belle jeune fille.

Hippias n'aperçoit pas la différence entre les deux questions : il répond par un exemple de beauté à la question qui porte sur le beau comme tel. Socrate s'empresse de prendre d'autres exemples : une marmite ne peut-elle pas être belle ? Et même la beauté d'une jeune fille peut-elle se comparer à celle d'une déesse ? Si nous ne remontons pas à ce qui fait la beauté d'une chose belle, nous glisserons d'exemple en exemple sans jamais trouver un critère sûr.

Hippias croyait facile la question portant sur la beauté ; et le voici qui patauge. Socrate lui demande une meilleure définition. Hippias croit s'en tirer grâce à une trouvaille : ce qui fait la beauté, c'est l'or ! À quoi Socrate lui objecte qu'une statue universellement admirée, celle d'Athéna, dont l'auteur est Phidias, est en ivoire, non en or.

Hippias, obligé à nouveau de battre en retraite, trouve une définition plus abstraite : ce qui fait la beauté, c'est la convenance. Cette définition n'est guère plus satisfaisante : une cuiller en bois n'est-elle pas plus convenable qu'une cuiller en or ? Hippias préfère alors se rabattre sur des valeurs qui lui paraissent sûres : la richesse, les honneurs ; puis, l'utile et l'avantageux.

Socrate n'a pas de mal à prendre des contre-exemples pour montrer qu'aucune de ces qualités n'est universellement partagée. Il en sera de même pour la dernière définition envisagée : le beau serait un agrément de l'ouïe et de la vue. Le dialogue n'aboutit qu'à un constat d'échec. Socrate le reconnaît.

En multipliant les objections, s'est-il montré

incapable de comprendre les grandes choses en leur unité vivante, comme le lui reproche Hippias ? Du moins, Socrate a-t-il réussi à nous faire prendre conscience de la difficulté de remonter de l'observation des beautés jusqu'à ce qui caractérise essentiellement le beau comme tel.

Depuis vingt-cinq siècles, la question se pose toujours. Est-ce parce qu'elle n'est pas résolue qu'il ne faut pas la reposer ?

L'autre jour, à la sortie du Musée d'Art Moderne et d'Art Contemporain, étions-nous plus avancés ?

-8

Difficile ou facile ?

Platon est-il un philosophe difficile ? Même s'il a écrit des dialogues complexes et subtils, celui qui vient d'être évoqué, *Hippias majeur*, ne figure pas parmi les plus redoutables. Est-il si délicat de comprendre que l'émerveillement devant la beauté nous élève au-dessus des différences de goût et que se pose alors le problème de savoir s'il y a une cohérence et une harmonie propres à la beauté comme telle ?

Adolescent, j'avais essayé de m'initier à la pensée de Platon. Mais j'avais commis l'erreur de lire une introduction scolaire, au lieu de me reporter au texte même. Je me rappelle mon premier ébahissement devant la « théorie des idées ». L'exposé que j'avais lu était si peu convaincant que je n'arrivais pas à comprendre pourquoi les idées avaient une existence propre, formant une sorte de « ciel ». Nous avons beaucoup d'idées, me disais-je, elles vont et viennent, certaines sont valides, d'autres non : pourquoi imaginer qu'elles puissent devenir des modèles, être même divines ?

Ce que je n'avais pas compris, c'est d'abord que le dialogue socratique ne débouche le plus souvent sur aucune conclusion définitive. C'est un exercice purificateur et ironique. Au mieux, et selon la perspective de Platon lui-même, il n'est qu'une préparation à la théorie des idées. Dans *Hippias majeur* comme dans bien d'autres dialogues socratiques, il n'en est pas encore vraiment question.

Il faut comprendre aussi que Platon ne place pas toutes les idées, quelles qu'elles soient, au sommet de l'édifice du savoir. Les idées à retenir, vers lesquelles il faut se tourner et qui doivent nous inspirer, ce sont celles qui ont une cohérence propre et qui, de ce fait, tiennent par elles-mêmes. Ainsi, au-delà de toutes les formes rondes et même de tous les cercles que j'observe ou que j'arrive à dessiner, il y a l'idée du cercle.

Mais cette idée du cercle, existe-t-elle quelque part, matériellement, comme cette roue que je vois devant moi quand une voiture s'est arrêtée devant la terrasse du café où je déguste un demi ? Cette idée du cercle que j'ai, que tu as, que nous partageons, à partir du moment où nous avons compris ce qu'est un cercle, comment la penser ? quel statut lui reconnaître ?

Je ne vois pas de mes yeux l'idée même du cercle. Pas plus que je ne vois de mes yeux cette vérité incontestable : 2 et 2 font 4. Pourtant, comprendre cette idée, saisir cette vérité, c'est bel et bien *voir* ce qui est cohérent et va contribuer à expliquer bien des réalités.

On dit : « j'ai vu », quand on croit avoir saisi ; et cette compréhension, relayée par d'autres, permettra de ne pas être complètement perdu dans le monde ordinaire, que nous considérons comme le monde réel.

Cette « vue » relève de l'intelligence. Elle n'est pas négligeable, puisqu'elle nous ouvre tant de nouvelles possibilités : sans le calcul, sans aucune mathématique, sans aucune idée sur le réel, ne serions-nous pas impuissants, désarmés, livrés aux incertitudes de nos sens et à l'arbitraire de nos désirs ?

Socrate commence à s'émerveiller que des horizons nouveaux et immenses s'ouvrent à l'esprit quand il *comprend*. Le monde des idées est pour Platon comme une terre encore inexplorée qui livrera les clés de toutes choses.

Pourquoi avons-nous du mal à nous figurer l'intensité de cet émerveillement ? Parce que le monde des idées et des concepts nous est devenu presque trop familier. Le développement du savoir et des sciences a fait de nous des blasés en matière intellectuelle. Comme si nous pouvions nous endormir sur tout cet acquis de l'humanité !

Nous avons surtout une conception utilitaire des idées (elles nous servent à comprendre, à maîtriser, à faire des plans, à concevoir des moyens techniques, etc.). Platon, au contraire, en avait une vision enthousiaste au sens le plus fort : les idées avaient une force divine, il les adorait presque, ne cessant d'admirer leur unité et leur harmonie.

N'avons-nous pas du mal à nous représenter un tel état d'esprit ? Songez que, pour Platon, les étoiles, les astres étaient eux-mêmes des êtres divins ! Comment se replacer dans la logique d'une telle croyance, sans secouer nos habitudes mentales ? Un difficile effort de dépaysement intellectuel est indispensable.

Dans un tel cas, la philosophie est pour l'esprit une invitation au voyage !

Gagnera-t-on, comme à l'issue d'un vol aux Antilles, repos, bronzage, distraction ? La récompense sera la compréhension elle-même.

On dit qu'une idée vraie est lumineuse : chacun ne peut-il en faire l'expérience en exerçant un tout petit peu son intelligence ?

Un rayon de la lumière platonicienne n'est pas encore une illumination complète. Beaucoup de chemin reste à faire. Socrate nous avertit à la fin de l'*Hippias majeur* : « Le beau est difficile » !

-9

LA GALERIE DES NOBLES ESPRITS : QUELQUES GRANDS ANCIENS

IL EST PEUT-ÊTRE temps de mieux faire connaissance avec quelques-uns des grands philosophes qui doivent être nos guides sur le chemin du savoir et de la sagesse.

Hegel dit que l'histoire de la philosophie est comparable à la galerie des nobles esprits qui ont honoré l'humanité. Souhaitons qu'il n'ait pas tort. Admettons que s'impose une première reconnaissance admirative de ces grands hommes.

Je préfère ne pas les présenter solennellement,

mais tels que je les vois et tels que Pascal les imaginait aussi : des hommes aimables et polis, que nous avons envie de connaître et d'écouter, presque plus comme des grands frères que comme des maîtres sévères.

Nous avons déjà fait la connaissance de Socrate et du sophiste Hippias (qui n'est pas un grand penseur). Il faut remonter encore dans le temps, au VIe siècle avant Jésus-Christ, pour trouver deux grandes figures de la pensée grecque : Héraclite et Parménide. Quel est le fondateur de la philosophie ? Pendant longtemps, on aurait répondu à cette question : Platon. On se rend maintenant compte de l'importance des penseurs antérieurs. Même Socrate n'est pas le premier sage de la Grèce !

Cependant, Socrate fut le premier à se mêler à la foule et à pratiquer le dialogue contradictoire, la dialectique. Avant lui, le sage est un personnage moins abordable.

Héraclite, réputé orgueilleux, méprisant la

foule, obscur en ses pensées ramassées, devait avoir un côté malicieux. Une anecdote rapporte qu'il invita à entrer des voyageurs qui venaient lui rendre visite et qui hésitaient sur le seuil du modeste fourneau où le penseur se chauffait, en leur disant : « Là aussi les dieux sont présents » !

Qui est le plus intimidant ? Je réponds : Parménide, celui que Platon considère comme un Père (bien qu'il lui faille le « tuer » symboliquement, ou peut-être justement à cause de cela). À Élée, au sud de Naples, qui était alors en Grande-Grèce, Parménide fonde son école. Peut-être devrais-je dire qu'il fonde la Philosophie en proclamant cette proposition qui peut paraître à la fois trop abstraite et tout à fait évidente : « L'être est et le non-être n'est pas. »

Le *Poème* de Parménide est d'une densité d'autant plus énigmatique que nous n'en possédons que des fragments, comme un temple magnifique foudroyé par l'usure du temps et les excès de l'histoire.

Dois-je maintenant présenter Platon ? Il s'est déjà introduit dans notre propos. Mais ce qui est caractéristique, c'est qu'il l'a fait grâce à un dialogue où il met en scène principalement Socrate, sans s'exprimer en son nom propre. Même ses dialogues les plus complets et les plus difficiles, comme *La République* (et plus encore *Le Sophiste* ou *Parménide*) ne sont jamais à proprement parler des exposés de sa doctrine. Le « platonisme » a bien existé, puisque l'école fondée par Platon, l'Académie, a duré jusqu'à la fin du monde antique et a connu un rayonnement extraordinaire, même jusqu'à nos jours. Mais la méthode de Platon est le dialogue. Et l'auteur, souvent ironique, se cache en quelque sorte derrière ses personnages.

Platon lui-même, qui était-il ? Comment se le représenter ? Large d'épaules, vigoureux, il a tenu tête au tyran Denys de Syracuse dont il voulait réformer la Cité, il a été vendu comme esclave, puis racheté : je vois en lui le plus aristocrate des philosophes, homme plein de noblesse, aux yeux profonds, à l'ironie cinglante.

Aristote, qui fut son élève, eut aussi un destin exceptionnel (puisqu'il fut le précepteur du futur Alexandre le Grand et devint, pour des siècles, le Philosophe par excellence). Mais c'est un professeur magistral et subtil. On lui prête cette réflexion : « Platon est mon ami, mais la vérité est une plus grande amie. » Je le vois discret et calme, s'imposant par la seule force de sa pensée, fascinant ses élèves par son esprit précis et encyclopédique : logicien, physicien, biologiste, penseur politique, reconstruisant l'éthique, la philosophie première (qui ne s'appelle pas encore métaphysique). Rien ne lui est étranger ! Est-il étonnant qu'il ait tant marqué la postérité ?

Mais il ne faut pas se faire d'illusions sur une prétendue continuité de la tradition : il y a eu, depuis la mort d'Aristote, beaucoup de ruptures, d'oublis, de drames politiques et humains (la Grèce a perdu son indépendance politique, l'Empire romain lui-même a sombré, la bibliothèque d'Alexandrie a été incendiée, l'Europe a failli être submergée par les grandes invasions, etc.).

L'avènement du christianisme comme doctrine religieuse dominante, puis exclusive, a failli rompre le lien que les Romains cultivés avaient maintenu avec les sources philosophiques grecques – dont la richesse inouïe n'a encore été évoquée ici que très schématiquement. Les Pères de l'Église ont tenté de renouer le fil à leur profit. Mais c'est bien plus tard, grâce aux sources arabes, qu'on a traduit Aristote en latin. Que de détours imposés par l'histoire ! Que d'obstacles à la connaissance des grands textes de la tradition grecque !

-10

La galerie des nobles esprits : quelques grands Modernes

POUR PRÉSENTER quelques grands philosophes modernes, il faut faire un prodigieux saut dans le temps : il n'est nul besoin d'un calcul compliqué pour compter vingt siècles entre le IIIe siècle avant Jésus-Christ et notre XVIIe siècle. Ce constat conduit-il à penser que rien ne s'est produit entre la mort d'Aristote et la naissance de Descartes ?

Il serait peu vraisemblable et peu raisonnable de le soutenir. Des écoles philosophiques importantes sont apparues et se sont développées en

Grèce et dans le monde romain : le stoïcisme, l'épicurisme, le néoplatonisme. L'époque immense que les historiens nomment – faute de mieux – le Moyen-Âge a connu des moments d'intense vie intellectuelle. De Damas à l'Andalousie, de Tolède à Paris, d'Oxford à Louvain, on a non seulement traduit mais aussi commenté la philosophie antique ; on a fait preuve d'une extraordinaire finesse théologique dans les trois traditions du monothéisme (hébraïque, musulmane et chrétienne) ; les Arabes ont inventé et diffusé l'algèbre ; l'Occident chrétien a peu à peu renoué avec l'inspiration antique tout en progressant dans la connaissance expérimentale de la nature.

Pourquoi cependant beaucoup de manuels de Philosophie passent-ils presque directement de l'Antiquité aux Temps modernes ? N'allons-nous pas reproduire le même type de survol – beaucoup trop rapide – d'une histoire riche et complexe ?

La réponse doit être claire et franche. C'est justement la complexité de cette histoire qui la rend difficilement accessible à des débutants. En outre, beaucoup de lycéens et d'étudiants n'ont plus la formation religieuse qui leur permettrait d'avoir un minimum de sympathie avec des pensées surtout théologiques. Par exemple, saint Augustin et saint Thomas d'Aquin sont des penseurs admirables, mais si croyants, si pénétrés de la connaissance de l'Écriture sainte et des débats au sein de l'Église, qu'un accès direct à leurs textes est presque impossible.

C'est tout différent avec ce moderne par excellence : Descartes ! Pourquoi est-il typiquement moderne ? Parce qu'il veut tout reprendre à zéro. Il a reçu chez les Jésuites une parfaite éducation traditionnelle, comme il le raconte dans son fameux *Discours de la méthode* (écrit en français, ce qui est déjà révolutionnaire pour l'époque). Mais la plupart des matières enseignées (y compris la philosophie !) lui ont paru peu sûres.

Le vraisemblable ne lui suffit plus ; il veut connaître clairement et distinctement le vrai. Or seules les mathématiques, à cause de « la certitude et de l'évidence de leurs raisons », répondent à cette exigence.

Deux possibilités s'offrent dès lors à Descartes : ou bien ne faire que des mathématiques et laisser tomber tout le reste ; ou bien s'inspirer du modèle mathématique pour mettre au point une méthode qui permette de « bien conduire sa raison » dans les sciences, tout comme dans les occurrences de la vie.

Si Descartes n'avait pas choisi cette deuxième voie, il serait quand même connu comme l'inventeur de la géométrie analytique, mais non comme le fondateur de la philosophie moderne. Il aurait sans doute été surpris que l'essentiel de sa gloire concerne son œuvre philosophique et laisse à l'arrière-plan ses travaux scientifiques auxquels il accordait le plus grand prix.

Un siècle plus tard, nous transportant très à l'est de l'Europe, à Kœnigsberg (aujourd'hui Kaliningrad), allons saluer un autre géant de la philosophie moderne : Kant.

Savant lui aussi, à la fois mathématicien, physicien, géographe, il ne devient un philosophe original qu'à un âge relativement avancé (il publie son œuvre majeure, la *Critique de la raison pure*, à plus de soixante ans). Surtout, il n'a pas le tempérament viril et militaire de Descartes. Petit, chétif, célibataire, méthodique et même maniaque (sa promenade quotidienne est célèbre), c'est avant tout un grand professeur.

À quoi tient donc son immense gloire ? Au fait que son entreprise critique est menée avec une logique, une rigueur et une précision inégalées. Appliquant la même méthode critique à la pratique, il refonde sur des bases rationnelles la morale. Et il parachève cet édifice impressionnant en étudiant le jugement esthétique et la question du sens de l'harmonie des phénomènes vitaux. Après Kant, on ne peut plus philosopher comme avant.

Chaque grand philosophe bouleverse le paysage intellectuel et oblige ses contemporains à poser les problèmes d'une nouvelle manière. C'est également le cas de Hegel, autre grand professeur allemand qui a trente ans en 1800 : homme du XVIIIe siècle par sa formation, penseur d'avenir par ses audaces (sa dialectique a puissamment inspiré la pensée socialiste et révolutionnaire).

On le surnommait déjà dans sa jeunesse « le vieux ». Ce n'est pas très attirant, me diras-tu. Quelle est donc son originalité ? Justement de ne pas mettre en avant ses goûts personnels, mais de recueillir ce qu'il appelle « la vérité du Tout ». La raison, travaillant avec une patience infinie, doit apprendre à se réconcilier avec les réalités jusque dans leurs plus extrêmes contradictions. Quelles réalités ? Aussi bien les conditions logiques que les structures physiques et finalement les totalités psychologiques, morales et politiques. Cette vaste entreprise systématique est-elle excessive ? Elle fascine et inspire encore, même si cette pensée de la contradiction ne cesse d'être contredite !

J'aurais voulu te présenter aussi Nietzsche, mais je m'aperçois que cette mini-leçon dépasse les bornes ! Et comment saluer Nietzsche à la va-vite ? Je promets de ne pas l'oublier et de lui consacrer toute une leçon.

Un dernier mot. Pascal remarque que nous, modernes, sommes des nains sur les épaules de géants (les Anciens). Cette image justifie plus généralement notre étude des grands philosophes. Sans eux, nous aurions à tout réinventer. Avec eux, nous partons déjà de bien plus haut.

Encore faut-il savoir les lire à bon escient et ne pas se laisser écraser par la majesté de la tradition.

-II

Histoire ou analyse ?

FACE À CES PENSEURS FAMEUX, le risque n'est-il pas de se borner à les saluer, à les admirer, à répéter quelques-unes de leurs grandes phrases ou de leurs belles formules, sans penser par soi-même et peut-être même sans toujours comprendre parfaitement ce dont il s'agit alors ?

La question mérite d'être posée et elle est toujours actuellement débattue par les philosophes professionnels. Les uns, de tradition dite « continentale » (principalement allemande et française), pensent qu'on ne fait pas de la bonne et solide philosophie sans référence à l'histoire de la pensée occidentale ; Hegel, encore lui, soutient même que la philosophie et l'histoire de la philosophie, bien comprises, sont une seule et même activité.

D'autres philosophes, se rattachant à une tradition surtout anglo-saxonne, considèrent que l'essentiel en philosophie est l'analyse des concepts et l'échange d'arguments.

À première vue, aucun des deux camps n'a tort. Il est même permis de se demander si les partisans de l'histoire de la philosophie peuvent se dispenser d'argumenter et si, de l'autre côté, les esprits surtout logiques et analytiques n'ont pas intérêt à jeter plus d'un coup d'œil rétrospectif sur l'état des questions qu'ils examinent.

Le bon sens semble plaider en faveur d'une conciliation entre les deux « camps ». Et c'est dans ce sens que nous allons travailler.

On voit souvent des scientifiques éminents

dans leur spécialité se lancer sans précaution dans le domaine philosophique. Ils croient pouvoir ignorer l'histoire des problèmes philosophiques. Le résultat est parfois catastrophique. Pourquoi ? Parce que la réflexion philosophique exige d'abord une rigueur terminologique : un terme essentiel doit être d'autant plus défini que nos langues dites « naturelles » (le français, l'anglais, l'allemand, etc.) sont riches et très souvent ambiguës. Prenons le mot « sens » : il peut désigner une simple direction (comme un poteau indicateur), une signification (dans un contexte), mais aussi le sens par excellence (la valeur).

Une anecdote illustre cette nécessité de clarification : un jour dans une université américaine un professeur annonce un cours sur « Le sens de la vie » ; les étudiants s'y précipitent très nombreux, car un suicide a eu lieu récemment sur le campus et ils croient que le professeur va enfin aborder la question des questions : la vie a-t-elle un sens ? Dès le début du cours, l'amphi se vide, les étudiants sont déçus : le professeur annonce que son cours va porter sur le sens grammatical et logique de *l'expression* : « Le sens de la vie ».

Nous retrouvons, avec ce professeur, la philosophie analytique, c'est-à-dire une philosophie si soucieuse de clarté qu'elle ne cesse de multiplier les explicitations de son vocabulaire et l'affinement de ses arguments.

J'ai reconnu moi-même qu'un discours naïf qui croit pouvoir aborder les grandes questions sans explicitation préalable court à la catastrophe, c'est-à-dire au vide et à l'insignifiance.

Cette explicitation doit-elle être uniquement analytique et argumentative ? Elle risque alors de transformer les moyens en fins (bien raisonner sans savoir en vue de quoi !) – et d'oublier aussi les leçons de l'histoire de la pensée.

À l'inverse, la philosophie doit-elle rester uniquement historique ? Dans ce cas, le risque sera celui de la répétition ou du dogmatisme : « Le maître a dit, Descartes a dit… », etc. Où serait alors l'esprit critique ? Que deviendrait le nécessaire travail de la raison ?

Pas de bonne histoire sans analyse, pas d'analyse philosophique qui n'ait besoin de dialoguer (et de se confronter) avec les grandes pensées.

-12

Pourquoi ?

Les jeunes enfants posent souvent des questions gênantes : en particulier, la question « pourquoi ? » à tout bout de champ et à propos de n'importe quoi.

Les parents, pris de court, se voient obligés de répondre malgré tout :

« Pourquoi les papillons ont-ils des ailes ?, demande l'enfant.

– Pour voler, répond la maman agacée.

– Pourquoi le ciel est-il bleu ?

– Parce que c'est la couleur de l'oxygène qui

constitue l'atmosphère terrestre », réplique le papa tout fier de sa science.

Nous nous croyons satisfaits si l'enfant se contente de la réponse. Mais s'il fait rebondir les questions (« Pourquoi faut-il que des animaux volent ? Pourquoi l'oxygène est-il bleu ? »), nous serons tentés de lui répondre : « Parce que », pour lui clouer le bec. C'est une réponse qui équivaut à une fin de non-recevoir. La demande de raison ou de justification est renvoyée au fait brut : « C'est comme ça parce que c'est comme ça. »

L'enfant s'est étonné. Il ne s'est pas contenté de constater que les papillons volent et que le ciel est bleu. En ce sens, n'est-il pas déjà un peu philosophe à sa façon ? Platon n'a-t-il pas noté que la disposition fondamentale qui caractérise la philosophie est l'étonnement ? Effectivement, si l'on ne s'étonne jamais de rien, on ne se pose aucune question, on trouve tout « normal » ; on se borne à enregistrer ; c'est moins fatigant que d'essayer de comprendre.

Mais s'étonner pour s'étonner, s'étonner de tout et de n'importe quoi, n'est pas une attitude d'adulte lucide et responsable. Ne serait-ce pas plutôt le meilleur moyen de passer pour un niais ou un ahuri ? Et ne faut-il pas apprendre à poser de « bonnes questions », des questions pertinentes ?

Les questions impertinentes sont des questions irrespectueuses, marginales ou même absurdes. Il paraît assez facile de leur opposer des questions sensées et raisonnables. Mais quel sera le critère ? Et surtout, quelle sera la différence entre une question de bon sens, une question scientifique et une question philosophique ?

« Pourquoi vas-tu au soleil ?

– Parce que j'ai envie de bronzer. » On reste alors au niveau de l'expérience la plus banale.

« Pourquoi tous les corps tombent-ils ?

– Du fait de la loi de la chute des corps : proportionnellement à leur masse et en raison inverse du carré de leur distance. » On s'est élevé, avec cette loi de la gravitation universelle, au niveau de la physique moderne !

« Pourquoi le monde existe-t-il ?... »

(Pas de réponse : c'est une question trop philosophique ! Elle paraît bien insoluble...).

Le philosophe est-il le seul à ne pas pouvoir répondre à des questions qui sont justement exclusivement philosophiques ? Si celles-ci sont sans réponse, ne serait-il pas préférable de ne pas les poser ?

Décidément la question « Pourquoi ? » est embarrassante. La question « Qu'est-ce que ?... » paraît bien sage à côté : elle se contentait de rechercher ce qui constitue essentiellement une chose (son essence). La question « pourquoi » est plus ambitieuse, mais aussi ambiguë : elle interroge à la fois sur la cause et sur le but.

La loi de la gravitation universelle permet de comprendre un des fonctionnements les plus importants de la grande machinerie de la nature.

Grâce à sa valeur descriptive et explicative admirable, elle répond parfaitement à la question « Comment », c'est-à-dire à la recherche de la raison dans le domaine bien déterminé des mouvements des corps physiques les uns par rapport aux autres. Elle met cependant de côté la question « Pourquoi » au deuxième sens : « En vue de quoi cette loi s'applique-t-elle ? À quelle fin les corps obéissent-ils à une telle loi ? »

J'ai laissé volontairement sans réponse une question du même ordre, dépassant la sphère de l'expérience. Ai-je eu raison ou tort ? Si je me comporte en scientifique, j'ai raison : la science ne peut et ne doit pas répondre à des questions portant sur un éventuel projet de Dieu ou de la nature.

Toutefois, n'ai-je pas eu tort de renoncer à donner une réponse en tant que philosophe ? En fait, je me suis comporté en philosophe critique (kantien) ou même positiviste : les questions ultimes portant sur le sens même de l'univers, sur l'existence éventuelle de Dieu, sur la survie possible de nos âmes sont des questions insolubles pour nous, hommes, à l'intérieur des limites de notre connaissance finie. Le philosophe ne doit donc pas outrepasser ces limites.

Cette attitude n'a pas toujours été (et même aujourd'hui n'est pas toujours) celle des philosophes. Bien au contraire, ceux qu'on nomme les métaphysiciens ont prétendu donner à ces questions des réponses définitives et assurées. Ils l'ont fait parfois en atteignant un grand degré d'ingéniosité. C'est le cas de Leibniz : à la question « Pourquoi y a-t-il de l'être plutôt que rien ? » (autre formulation de la question : « Pourquoi le monde existe-t-il ? »), il répond : « En raison du principe du meilleur des mondes possibles. »

Est-ce un principe aussi arbitraire et ridicule qu'on est tenté de le penser à la lecture du *Candide* de Voltaire ? Le pauvre Candide traverse les événements les plus atroces et son maître Pangloss, qui est disciple de Leibniz, ne cesse de justifier tous ces maux au nom de la fameuse loi leibnizienne. L'effet comique est très réussi. Pourtant, nous sommes plus leibniziens que nous ne le croyons à chaque fois que nous dégageons un sens d'une série d'événements et que nous comprenons que la logique de l'action implique que des souffrances soient supportées pour obtenir des objectifs supérieurs. Mais Leibniz va plus loin encore puisqu'il estime que Dieu a créé le monde en suivant cette « logique du meilleur », qui devient une sorte de clé universelle. Et c'est ainsi qu'il répond incontestablement à la question « Pourquoi ? » appliquée à ce qu'il appelle lui-même l'origine radicale des choses.

Que cette question ainsi entendue risque de nous mener au-delà de nos déterminations et des limites de notre expérience, je n'en disconviens pas. C'est justement parce qu'elle répond à une inquiétude qui n'a cessé d'habiter l'humanité et qui réapparaît constamment (souvent sous des formes bien moins respectables que la philosophie leibnizienne : la fascination pour le paranormal ou une religiosité charismatique).

La métaphysique est la partie de la philosophie qui envisage les questions ultimes, celles qui concernent le sens de la vie, l'existence de Dieu, l'immortalité de l'âme, l'unité du monde. Pour les uns, elle est le couronnement de la philosophie ; pour les autres, elle en est la plus dangereuse et illusoire tentation. Il faut au moins être conscient de ce problème.

-13

Qu'est-ce que l'homme ?

PERSISTER à poser la question « Pourquoi ? », surtout à propos de l'homme, ne serait-ce pas se condamner à heurter indéfiniment un mur ? C'est une question insoluble. Ou plutôt, c'est une question à laquelle seule la religion ou la métaphysique peuvent prétendre répondre.

Nous serons cette fois-ci plus modestes, en nous bornant à poser la question « Qu'est-ce que ? » à notre propre propos. Ne rencontrerons-nous pas déjà assez de difficultés en nous tournant vers nous-mêmes ?

Qui sommes-nous ? En tant que nous formons une espèce, nous nous distinguons des autres animaux : quels que soient la couleur de notre peau, notre taille et les autres détails de notre « signalement », nous avons des traits physiques communs avec tous nos semblables. La position verticale semble déjà nous singulariser par rapport aux singes, même supérieurs. Le petit d'homme naît aussi nu et fragile ; il lui faut beaucoup plus de temps qu'aux autres petits d'animaux pour devenir un adulte.

Mais nous distinguons-nous des autres animaux seulement par des caractéristiques physiques ? Sommes-nous même d'abord des animaux ? C'est l'usage du langage articulé qui nous « humanise ». Même si les mammifères supérieurs, certains oiseaux, les dauphins ont des formes de langage, seul l'homme invente et développe des symboles articulés qui lui offrent la possibilité d'une communication ouverte et indéfiniment perfectible.

Nous retrouvons ainsi la définition classique de l'homme comme « animal parlant » et elle paraît bien justifiée. Cependant, ce n'est pas la seule possible. L'homme n'est-il pas aussi un animal politique, un animal rieur, un animal technicien et artiste, même un animal fou ? Car le rire est le propre de l'homme ; et, de même, le souci explicite des affaires publiques, la capacité de transformer l'environnement grâce à l'usage d'outils et d'instruments, la création d'œuvres belles et désintéressées, enfin jusqu'à la déraison qui ne frappe vraiment que l'animal apte à raisonner et à devenir raisonnable.

Les questions qui portent sur la spécificité de la condition humaine ne sont pas pour autant épuisées par l'énumération d'un certain nombre de qualités (ou de défauts). Avant l'invention d'une science spécialisée étudiant l'*anthropos* (l'homme en grec) à travers ses différentes mœurs, ses langues, ses structures sociales et familiales, l'opinion dominante était qu'il y avait une « nature humaine », c'est-à-dire une permanence des caractères anthropologiques, d'un bout à l'autre de la planète et quel que soit le degré de développement culturel. Si l'homme a été créé par Dieu, tous les descendants d'Adam ne sont-ils pas humains au même titre, même s'ils ont connu des destins fort différents en matière de culture, de richesse et de développement ?

Les découvertes de sites et d'ossements prouvant que le type humain est beaucoup plus ancien que ne le croyait la tradition se sont multipliées. De ce fait, notre « âge » s'est considérablement accru : peut-être six ou sept millions d'années.

Cette prise de conscience jointe à d'innombrables recherches sur la préhistoire de notre espèce révèle à quel point l'homme est devenu humain en perfectionnant ses outils : pierres taillées puis métaux, bronze, fer, jusqu'à l'installation sur des territoires stables (la sédentarisation), l'invention de l'écriture et de l'agriculture, puis de l'autorité politique de l'État, pour rejoindre (depuis une trentaine de siècles) l'histoire – que nous connaissons infiniment mieux, en ses prouesses comme en ses crises, que ces temps immémoriaux que nous appelons la préhistoire.

Toutes ces informations nous conduisent à penser que l'homme actuel n'est que le produit d'une évolution biologique, puis culturelle, technique et symbolique qui se poursuit. Ne constatons-nous pas de prodigieuses mutations ? Ne devenons-nous pas des êtres de plus en plus communicants et qui, demain, grâce à des prothèses et de nouvelles prouesses des bio-technologies verront leur santé, leurs performances et même leur durée de vie incroyablement améliorées ? Ces progrès techniques nous conduisent-ils vers une sur-humanité ?

Cet enthousiasme est tentant. Pourtant, lorsqu'on revient sur terre et qu'on prend connaissance sans parti pris des témoignages et documents sur la vie des peuplades – de plus en plus rares – dont les modes d'existence sont encore tout proches de l'âge de pierre, on reste surpris par l'intelligence et même la maturité de ces hommes primitifs. Récemment encore, la chaîne *Arte* a diffusé un reportage en Nouvelle-Guinée dans une région reculée où certaines tribus n'avaient jamais vu ni les hommes blancs ni leurs techniques. Lorsqu'on assiste aux rencontres entre ces hommes dits primitifs et les civilisés très fiers de leurs caméras, magnétophones, sans parler de leurs armes, on se demande quels sont les plus intelligents. Qui sont les plus fiers, les plus malicieux, les plus prudents et avisés ? Qui sont les plus naïfs, les plus brutaux, les plus grossiers ? Vous devinez que la réponse ne suit pas forcément le cours de notre conception du « progrès ».

Ni l'anthropologie ni aucune des sciences qui permettent de mieux connaître l'environnement, la préhistoire et l'histoire des types humains ne peuvent répondre à la question : « Qu'est-ce que l'homme ? » Elles permettent du moins de préciser comment l'homme a vécu, s'est développé, diversifié, etc. Ce n'est pas rien.

Et la philosophie, me diras-tu ? Détient-elle la réponse ? Non ; mais elle peut au moins synthétiser toutes ces données, élaborer nos interrogations. Et puis, j'allais oublier : il lui arrive de croire qu'elle a trouvé la clé de l'humanité de l'homme : la liberté.

-14

QU'EST-CE QU'AGIR LIBREMENT ?

LA LIBERTÉ est un grand mot. Ses concrétisations sont quotidiennes. Mais à quel degré ?

La réaction spontanée de beaucoup de jeunes est d'entendre par liberté l'absence de contraintes. Être libre serait faire ce que l'on veut, quand on le veut, comme on le veut : sans surveillance ni des parents, ni des professeurs, ni de grands frères, etc. Et surtout ne pas être obligé de travailler !

Tout à fait compréhensible, cette attitude est-elle à la hauteur de l'enjeu : la liberté elle-même ?

Être libre, est-ce seulement refuser ce qu'on vous impose ? La liberté ne devra-t-elle pas avoir un contenu positif vis-à-vis de soi-même et des autres ?

Se croire libre n'est pas forcément être vraiment libre. Suis-je libre par rapport à mes instincts, à mes désirs élémentaires ? Ne suis-je pas aussi influencé par mon appartenance à un groupe, par les images, les slogans diffusés par la télévision, etc. ? Spinoza montre que la condition humaine est dans un état de dépendance par rapport aux conditions naturelles et relativement à ses propres passions ; mais il pense que la compréhension de toutes ces nécessités est une école de libération. Une acceptation lucide de la nécessité est la plus haute forme de liberté.

Je peux choisir de comprendre ou de ne pas comprendre ce qui m'arrive. La notion de choix est donc essentielle. Elle implique d'une part que je dispose d'un pouvoir de décision, d'autre part que ne s'offre pas à moi une seule et exclusive possibilité. Quand « je n'ai pas le choix », n'ai-je pas raison d'estimer qu'aucun terme véritablement alternatif ne m'est proposé ?

Encore faut-il que les possibilités en présence ne soient pas équivalentes ou indifférentes. Entre la peste et le choléra, vais-je tirer au sort ? Depuis le Moyen-Âge, on donne un exemple classique : l'âne de Buridan meurt entre l'avoine et le foin parce que, ayant également envie de l'un et de l'autre, il ne sait que choisir. Il y a, en effet, des cas où les enjeux paraissent équivalents d'un côté comme de l'autre, de sorte que le tirage au sort est la seule façon de se dégager d'une situation embarrassante. Le résultat de ce tirage au sort relève du hasard, mais la décision d'y recourir a été un acte de liberté.

Commençons-nous à mieux discerner en quoi un acte est libre ? D'abord, il faut qu'il ait été voulu, décidé. Un acte réflexe n'est pas libre : le feu me brûle ; je retire la main. En revanche, si je la maintiens au-dessus du feu pour montrer mon courage, par exemple à la suite d'un pari fou, cet acte est quand même un acte de liberté.

Nous voyons apparaître une autre condition d'un acte libre : la motivation. Comment décider à un carrefour quelle route suivre si je ne sais pas lire l'alphabet du pays où je me trouve ou encore (ce qui arrive aux États-Unis) si seuls des numéros de route me sont proposés, alors que je ne dispose d'aucune carte pour vérifier à quelles destinations ils correspondent ? Agir librement, n'est-ce pas agir en connaissance de cause ? Si je dois voter, par exemple, ne dois-je pas m'informer sur les candidats en présence et sur leurs programmes ?

Est-il impossible que le jeune qui se croit libre parce qu'il refuse d'abord toute contrainte comprenne que certaines contraintes, celles qu'il saura s'imposer, pourront lui permettre de s'affirmer, de s'instruire, de découvrir de nouvelles possibilités dans l'existence ? Pourquoi pas ? L'acte le plus libre est l'acte le plus lucide, l'acte choisi en vertu de son intérêt propre. Pourquoi ne pas considérer que la décision de penser librement et de façon désintéressée, l'acte de philosopher, est justement l'un des actes les plus libres qui soient ? C'est un acte par lequel je deviens pleinement autonome, c'est-à-dire capable de me donner à moi-même une loi.

Si tout acte n'est pas libre au même degré, faut-il faire dépendre la liberté elle-même du degré de conscience qui l'éclaire ? Tout homme n'est-il pas essentiellement libre en tant qu'il est homme ? Si tel est le cas, il ne faut pas confondre la capacité d'être libre avec ses passages à l'acte. Nous retrouvons le problème des concrétisations (ou des déterminations) de la liberté.

15

LIBERTÉ MORALE, LIBERTÉ POLITIQUE

QUAND JE ME FIXE une règle de conduite, même si elle est élémentaire (par exemple, ne plus perdre mon temps dans la rue en bavardant sans arrêt avec des badauds), j'exerce ma liberté. Est-ce suffisant ?

Les règles de conduite pratiques ne sont encore que des maximes, nous dit Kant : elles sont tout à fait relatives ; il faut s'élever jusqu'à la loi morale comme telle.

Pour Kant, je ne suis pas encore vraiment autonome si je ne prends pas conscience du fait que c'est le principe même de mon action qui dépend de ma volonté. Mes actes n'auront de valeur (à mes propres yeux) que si je les assume à la lumière de ma propre conscience.

Autant dire que je suis responsable, c'est-à-dire que je peux répondre de mes actes, les justifier. Cette liberté que j'assume met sans cesse en cause ma relation à autrui. La liberté morale est une liberté avec autrui et pour autrui.

Mais en quoi cette liberté est-elle morale ? Le mot « morale » n'a pas toujours bonne presse, surtout chez les jeunes : « faire la morale », c'est donner des conseils ennuyeux, parce que contraignants. On retrouve la contrainte !

En fait, quand on parle de liberté morale, on n'en reste pas du tout au problème limité des règles de bonne conduite. L'épithète « morale » désigne alors le fait que la liberté caractérise des sujets qui sont en relation les uns avec les autres et qui ont des habitudes, des coutumes (les mœurs, *mores* en latin). La liberté morale désigne donc le fait général que nous vivons dans une société composée d'individus libres et qui, à ce titre, doivent accepter ou refuser un certain nombre de comportements et de règles. La liberté morale est le cadre général d'une société capable ou non de morale (au sens étroit).

Comment passe-t-on de la liberté morale à la liberté politique ? Eh bien justement, les choses ne se passent pas ainsi. Il n'y a pas d'abord des sujets responsables et ensuite la société. Certes, dans une société développée comme la nôtre, on peut décider de former une ou plusieurs associations sportives, artistiques, etc. Mais ce qu'on appelle le « corps politique » ne naît pas comme cela, de manière artificielle. Il y a d'abord eu des Cités, des royaumes, des États avant que des individus revendiquent leur liberté.

Sans remonter trop haut, considérons l'Antiquité. En Égypte, durant des siècles, le pharaon s'est appuyé sur une caste de prêtres pour faire régner un ordre hiérarchisé. Point de sujet libre dans une telle société. La Grèce elle-même a-t-elle connu la liberté politique au sens moderne ? Certainement pas à Sparte. Et même à Athènes, fondatrice de la démocratie, celle-ci, qui n'apparaît qu'au Ve siècle avant Jésus-Christ, se trouve sans cesse menacée et remise en cause. Grands penseurs politiques, Platon et Aristote ne sont pas des démocrates : ils sont favorables à une aristocratie autoritaire ou tempérée. À Rome enfin, même sous la République, seul le citoyen est considéré comme libre ; mais il a des devoirs envers sa Cité et l'exercice de sa liberté dépend étroitement de ses devoirs, de ses charges et de sa place dans la Cité.

Sous l'angle politique, nous constatons donc que la liberté est non seulement une conquête tardive (il faudra attendre le XVIIIe siècle pour qu'elle devienne un principe avec la révolution américaine, puis avec notre Révolution), mais qu'elle est soigneusement définie et encadrée. La liberté de chacun s'arrête où commence la nécessité de ne point nuire à la liberté d'autrui. Et les « libertés » sont les garanties offertes à chaque sujet ou citoyen dans un État policé, à condition que chacun respecte lui-même les règles communes. Par exemple, la Révolution française abolit la lettre de cachet, au moyen de laquelle le roi pouvait embastiller comme bon lui semblait n'importe qui sans donner aucun motif. La nouvelle liberté reconnue, la « sûreté », signifie que je ne peux être arrêté sans une procédure judiciaire régulière. Hélas, la Révolution elle-même a eu bien du mal à donner l'exemple…

La liberté politique ne peut donc exister que dans un État stable, dont les lois offrent à chacun de ses membres des droits bien définis en même temps que des devoirs. Liberté politique et liberté morale doivent aller de pair dans un régime constitutionnel ou dans une démocratie, comme le sont en principe nos États européens actuels, les États-Unis et heureusement quelques autres États de par le monde.

Mais il faut aussi constater que, même depuis la chute de l'URSS et de ses satellites, l'équilibre entre liberté politique et liberté morale est trop souvent rompu ou n'est même pas concevable (dans des régimes dictatoriaux ou tyranniques).

La liberté morale peut rester formelle (c'est d'ailleurs le reproche souvent fait à Kant : avoir défini les principes de la morale de façon uniquement abstraite). La liberté politique peut rester un mot ou un slogan. Dans les deux cas, la philosophie fait office d'aiguillon ou d'éveilleuse. Le philosophe est l'homme d'une liberté responsable. Il a donc un rôle à jouer quand la liberté et les libertés sont menacées. Mais il ne peut à lui seul les faire respecter. L'amour de la liberté est un bien à partager, sans s'exempter de ses devoirs.

16

DIEU, UNE QUESTION HORS PROGRAMME !

EN MENTIONNANT Dieu, je viens de transgresser un « interdit ». Ce concept ne figure pas dans le nouveau programme des diverses classes de Terminale. On juge sans doute qu'il est à la fois inutile et dépassé d'en parler aux élèves.

Je ne partage pas cette opinion. Je crois qu'il faut au moins signaler que cette question peut se poser et expliquer pourquoi.

Chacun de nous a-t-il en lui l'idée de Dieu, c'est-à-dire l'idée d'un être tout-puissant, omniscient, créateur du ciel et de la terre ? Ou, au contraire, cette idée a-t-elle été forgée, progressivement, par une imagination humaine craintive et faible, cherchant en une puissance supérieure la source de la vie et l'origine des choses ?

À Napoléon qui lui demandait : « Que faites-vous de Dieu dans votre système du monde ? », Laplace, le célèbre mathématicien et physicien, aurait répondu : « Sire, je n'ai pas eu besoin de cette hypothèse. » Doit-on considérer que Laplace avait une fois pour toutes raison et que l'idée même de Dieu est aussi inutile qu'anachronique ?

Je ne chercherai pas à concilier artificiellement les esprits positifs (ou positivistes) pour qui l'idée de Dieu est dépassée et, d'autre part, les esprits religieux qui cherchent toujours un recours (ou une consolation) de ce côté-là. On croit ou l'on ne croit pas, me diras-tu. Peut-on argumenter philosophiquement pour ou contre Dieu ? Bien entendu, non pas contre la croyance ou l'incroyance (que l'on ne doit pas plus discuter que des goûts), mais pour ou contre l'existence de Dieu.

Ces échanges d'arguments ont eu lieu pendant des siècles. Si l'on croit que le monde a un sens, n'est-il pas naturel de lui assigner une cause ? et de soutenir que sa structure relève d'un plan, même si ce plan est fantastiquement complexe ? Loin d'être purement illogique ou absurde, le recours à un Dieu créateur peut ainsi satisfaire une raison soucieuse d'harmonie universelle.

Si tel était le cas, pourquoi tous les rationalistes – et en particulier, tous les scientifiques – ne s'y rallient-ils pas ? J'attendais cette objection qui m'oblige à préciser un point capital : la raison soucieuse d'harmonie universelle n'est qu'une forme de recherche (peut-être excessive) de la cohérence. Les sciences positives en pratiquent une autre : renonçant à découvrir un seul Sens unifié, elles isolent au contraire des secteurs déterminés du réel, en décrivent le fonctionnement, l'analysent et en dégagent les règles ou les lois.

Les sciences positives ne doivent pas répondre à la question du Sens comme tel : elles perdraient leur spécificité et leur rigueur. Elles ne peuvent donc pas non plus réfuter directement l'autre forme de rationalité, celle qui recherche le Sens (ou la clé) de l'harmonie universelle.

– « Pourtant, tu as toi-même fait allusion aux positivistes, philosophes qui jugent l'idée même de Dieu dépassée ?

– Bien entendu, la thèse d'un Sens unifié est combattue par l'antithèse d'une absence d'un tel sens. L'athéisme a des arguments rationnels à produire, qui ne sont pas moins solides que ceux de la thèse adverse. Mais cette antithèse est, elle aussi, philosophique – et non directement scientifique. C'est ce que Kant a démontré à la fin de sa *Critique de la raison pure* : concernant l'existence d'un Dieu unique et créateur, il y a autant d'arguments d'un côté que de l'autre. La raison, voulant prouver (ou réfuter) le Sens du monde, se bloque dans des antinomies qu'elle ne peut surmonter avec ses seules forces. »

Quand on est dans une impasse, que faire ? Revenir en arrière, changer de méthode. C'est ce que le même Kant propose. Avant de l'écouter sur ce point, soulignons que le concept de Dieu a joué un rôle philosophique essentiel : celui d'une possible clé de voûte de l'édifice du réel.

17

ET LA RELIGION ?

« J'AI SURMONTÉ le savoir pour faire place à la croyance. » En évoquant ainsi son propre passage du théorique au pratique, Kant veut-il dire qu'il faut laisser tomber la connaissance scientifique pour se convertir religieusement ?

Il veut d'abord dire qu'on ne doit pas aborder les problèmes pratiques de la même façon que les problèmes théoriques. Il veut indiquer aussi que, dans le domaine pratique, il s'agit de désirer et de vouloir, non plus seulement de connaître. Enfin, si l'on admet qu'une pratique raisonnable est possible et souhaitable, n'a-t-elle pas besoin d'un principe ? Ce principe, c'est à nouveau Dieu, mais un Dieu qu'on ne peut ni prouver ni se représenter, un Dieu moral, un Dieu en qui l'on va croire par suite d'une conviction raisonnée et comme une sorte de suprême garantie de notre action.

La religion que prône Kant est une religion « dans les limites de la simple raison ». C'est une religion qui n'a plus rien à voir avec des pratiques superstitieuses ou même avec l'appartenance à une Église : c'est une religion si épurée qu'elle se confond avec un profond respect pour cette « loi morale » que Kant croit inscrite au fond de nos cœurs : « Le ciel étoilé au-dessus de nous et la loi morale en nous. » Telle est la célèbre conclusion de la *Critique de la raison pratique.* De l'harmonie sensible, il faut remonter à l'harmonie invisible et plus profonde : voilà une vieille leçon que la philosophie retient et renouvelle depuis Platon.

Le caractère rationnel de cette religion morale explique que les disciples de Kant aient pu se retrouver souvent (en particulier, dans la deuxième moitié du XIXe siècle) aux côtés des positivistes, héritiers d'Auguste Comte. Cette proximité peut paraître surprenante, puisque l'école positiviste soutient que l'âge théologique est terminé : ne faut-il pas éliminer même le Dieu moral, pour être pleinement « positif » ? En fait, le positivisme est très conscient d'un problème fondamental : même si la religion est fausse, même si elle ne repose que sur des mythes (c'est-à-dire des récits fantastiques), elle a joué et peut continuer à remplir un rôle social irremplaçable, en permettant aux hommes de vivre ensemble en bonne intelligence. Comment trouver un moyen de préserver cette fonction de ciment social ? Malgré ses défauts ou même ses dangers (son fanatisme éventuel), toute religion *relie*, alors que la connaissance théorique – si vraie soit-elle – n'offre aucun support aux besoins et aux désirs pratiques. Dans la deuxième partie de sa vie, Auguste Comte a cru pouvoir résoudre ce problème en créant une religion positiviste avec ses temples, ses rites, etc. Il n'a eu aucun succès. Mais il a posé un problème que nos sociétés avancées, transformées par les sciences et les techniques, ont toujours à résoudre : comment trouver (ou retrouver) une cohésion sociale qui permette à la société de tenir et d'assurer à ses membres une vie harmonieuse ?

On m'objectera sans doute que les religions ont trop souvent été intolérantes. Chacune croit détenir la vérité. Même Jésus, qui prône l'amour, dit à Ponce Pilate : « Je suis la Vérité. » Ponce Pilate, de son côté, professe une philosophie sceptique : « Qu'est-ce que la vérité ? » répond-il. Ce n'est pas exaltant ; mais un libre penseur fera remarquer que ce scepticisme est bien moins dangereux que l'attitude qui consiste à se proclamer soi-même la Vérité. L'histoire l'a prouvé : guerres de religion, persécutions, Inquisition et aujourd'hui intégrismes déchaînés témoignent de l'intolérance qui guette tout esprit religieux.

Pour ou contre la religion ? La philosophie n'a pas à prendre parti ; elle doit contribuer à l'intelligence d'un phénomène essentiel dans l'histoire de l'humanité. Elle peut aider à respecter ce qui est respectable dans l'attitude religieuse et dans ses rites : adorer, célébrer, prier, aimer. Tant d'actes de sacrifices et de dévouement ont été accomplis grâce à la foi ! Et combien d'êtres humains trouvent une consolation dans la pratique religieuse, surtout à l'approche de la mort !

Le conflit entre philosophie et religion est-il inéluctable ? Oui, si l'on croit juste l'avertissement du latin Lucrèce qui mettait déjà en garde ses contemporains, au Ier siècle avant Jésus-Christ : « Tant la religion a pu entraîner de maux ! » Non, si l'on écoute le message du pape Jean-Paul II qui, dans sa récente encyclique *Foi et raison*, écrit que la philosophie est « comme le miroir où se reflète la culture des peuples » et qu'elle est « souvent l'unique terrain d'entente et de dialogue avec ceux qui ne partagent pas notre foi ».

Comment ne pas se réjouir de cette reconnaissance du rôle de la philosophie ? Comment ne pas encourager le dialogue, puisque la philosophie l'a pratiqué depuis ses origines ?

-18

ET LE BONHEUR DANS TOUT ÇA ?

LA PHILOSOPHIE est une affaire sérieuse, trop sérieuse, diras-tu. Religion, devoir, loi morale, soit. Mais une vie équilibrée ne comporte-t-elle pas aussi repos et détente ? Toute activité sérieuse ne doit-elle pas être compensée par le jeu ? Et quelle sagesse propose-t-on, si elle exclut le bonheur ?

Je pourrais me contenter de répondre que tu réclames une récréation ; et j'admets qu'elle serait méritée, car nos précédentes leçons n'ont pas manqué d'austérité.

Je préfère prendre la question du bonheur au

sérieux ! C'est une question qui a été posée par la philosophie grecque, une question toujours actuelle et qu'on pourrait formuler dans les termes simples que voici : une vie juste et bonne, une vie philosophique, ne doit-elle pas se fixer comme idéal un certain bonheur ? N'est-ce pas légitime ?

D'emblée la difficulté qui surgit concerne la définition de cet idéal pratique. Si tu interroges dans la rue les passants sur leur idée du bonheur, ton sondage te donnera certainement des résultats très variés, convergeant très probablement sur un point : on te répondra plus sur les « clés » du bonheur que sur le fond même de cet état rêvé. Je parie que la santé, l'argent, les satisfactions sensuelles ou sentimentales, les succès scolaires ou sportifs seront cités comme des critères du bonheur. Admettons en effet que tous ces facteurs y contribuent fortement. Constituent-ils le bonheur lui-même ? Et en quoi consiste-t-il ?

On pourrait citer de nombreux exemples de jeunes gens beaux, intelligents, riches, comblés qui ont connu la déprime. Que leur manquait-il ? Inversement, Diogène vivait nu dans son tonneau et se proclamait heureux. On connaît son apostrophe à l'empereur Alexandre lorsque celui-ci vint le voir et le consulter : « Ôte-toi de mon soleil ! »

Quel est le plus heureux des deux, le clochard Diogène, content de tout, ou le potentat assoiffé de conquêtes qui ira mourir presque fou au fin fond de l'Asie ?

Qu'il y ait une composante psychique et subjective dans la recette complexe du bonheur, ce n'est pas niable. Aristote n'a-t-il pas raison d'y voir un état équilibré de l'âme d'un homme vertueux qui réussit à mener une vie de loisir studieux ? Voilà un idéal philosophique presque trop mesuré et raisonnable, dira-t-on. Aristote n'ignore pas ce type d'objection : d'abord, il est conscient de la relativité et de la fragilité du bonheur humain face au destin ; et il reprend à son compte l'adage : « Que nul ne soit déclaré heureux avant son dernier jour ! » Il est ensuite très conscient du fait que la plupart des humains préfèrent une vie de jouissances immédiates ; certains opteront pour une vie d'honneurs ; mais bien peu se tournent vers la vie la meilleure, la vie vraiment philosophique.

S'il y a du vrai dans la position d'Aristote, le bonheur se mérite et se construit. Certes il dépend en partie de hasards heureux. Mais il ne réside pas seulement dans la chance que nous aurions d'éviter les ennuis et de passer entre les gouttes de l'infortune ! La conception d'Épicure reste encore trop négative : une privation de souffrances ? Ce n'est pas rien ; mais n'est-ce pas un idéal de vieillard que celui qui consiste à se mettre à l'abri en se contentant d'un jardin secret ?

D'ailleurs, le bonheur doit-il être érigé en

but absolu ? De nouveau, nous allons être tancés par Kant qui ne craint pas de jouer le rôle de rabat-joie : pour lui, le bonheur ne doit en aucun cas être fixé comme but d'une action raisonnable et morale. Nous interdit-il absolument de l'atteindre ? Non, s'il ne survient que par surcroît. Autrement dit, il faut d'abord et avant tout vouloir agir par devoir et non point pour obtenir la récompense du bonheur. Il viendra ou ne viendra pas.

Il y a un reste de stoïcisme dans cette attitude : accepter ce qui advient avec résignation, pourvu que notre âme soit intérieurement contente. Nous soucier de ce qui ne dépend pas de nous est déraisonnable. Soyons maîtres de notre propre logis, à savoir : notre esprit ! Le kantien ne quête pas le bonheur ; il ne le refuse pas non plus. Comme le stoïcien, il est prêt à tout, du moment qu'il a fait son devoir.

Sans doute trouveras-tu que ces conceptions,

la kantienne comme la stoïcienne, sont bien trop austères. Je n'en disconviens pas. Mais elles ont le mérite de nous faire réfléchir sur les limites du bonheur, surtout si l'on conçoit celui-ci de manière égoïste. Le bonheur est-il accompli, s'il n'est pas partagé ? L'imagination populaire (surtout en France, pays de gastronomes et de bons vivants !) ne retrouve-t-elle pas spontanément la double tradition du *Banquet* de Platon et de la Cène : quoi de plus heureux que la convivialité d'un bon repas dégusté avec des amis ?

J'espère t'avoir rassurée : la question du bonheur est bien au centre de la réflexion philosophique. À chacun, avant de prendre son élan vers le bonheur, de s'interroger sur son idéal et de savoir placer la barre raisonnablement : au-dessus de l'égoïsme étroit et à une certaine distance de la béatitude paradisiaque.

-19

QUELS DÉSIRS ? CONSCIENCE ET INCONSCIENCE

PEUT-ÊTRE désirons-nous parfois trop violemment le bonheur ? C'est alors que nous sommes très malheureux, comme ces enfants gâtés, frustrés de ne pas avoir obtenu le jouet rêvé.

Que désirons-nous profondément, intensément ? Le savons-nous vraiment nous-mêmes ? Avons-nous vraiment conscience de nos désirs les plus profonds ? Y a-t-il même une vérité du désir ? Voilà des questions dont l'apparence est purement psychologique, mais dont la portée est bel et bien philosophique.

Je désire ce que je ne possède pas. En ce sens, le désir est une tendance encore insatisfaite. Mais, comme on le dit vulgairement, désirer la lune est une folie. On désire ce dont on a besoin ; mais ne désire-t-on pas aussi trop souvent l'impossible ?

Le problème paraît simple quand on s'en tient aux désirs instinctifs et « naturels » : j'ai faim, je désire manger ; je mange ; le désir disparaît et ne réapparaîtra que quelques heures plus tard. Si tout désir obéissait à cette logique de la satisfaction régulière et cyclique, nous n'aurions pas à nous interroger plus.

Mais l'homme est un être qui désire au-delà de ses besoins immédiats, qui paraît désirer pour désirer : difficilement satisfait, c'est un être dont les désirs obéissent à une logique plus exigeante que la simple satisfaction physique. Freud nomme *sublimation* le processus qui déplace le désir vers des buts non directement préhensibles : symboliques, intellectuels ou artistiques. C'est essentiellement au domaine de la sexualité qu'il applique cette théorie de la sublimation. Celle-ci n'existerait pas si notre sexualité s'assouvissait sans cesse, immédiatement, au niveau physique le plus élémentaire. L'homme est-il un animal subtil et trop compliqué ? Sa sexualité emprunte des voies détournées et symboliques ; elle est en grande partie l'objet d'un contrôle social intériorisé par cette part de nous-mêmes que Freud nomme le *Surmoi* – instance de censure. Si nous refoulons en partie nos pulsions, ce refoulement n'est pas entièrement négatif, puisqu'il nous oblige à affiner nos désirs.

Si cette conception freudienne a quelque vérité, elle oblige aussi à mieux comprendre le rapport entre conscience et désir. Notre conscience peut-elle s'identifier à une pensée souveraine, maîtresse d'elle-même et de ses désirs, à tout instant ? Même Descartes, qui prône la clarté et la distinction de l'intellect et qui trouve dans le célèbre *cogito* (« je pense ») le principe d'une inébranlable certitude, admet que nous n'avons pas toujours le contrôle absolu de nous-mêmes, puisque nous avons un corps soumis à des passions. Mais, alors qu'il croit qu'une connaissance lucide du mécanisme de ces passions nous permettra de retourner la situation en notre faveur, c'est-à-dire au service de la raison, Freud nous a appris à avoir une conception plus complexe du jeu des passions et du rapport entre conscience et inconscient. Soyons lucides certes, mais sans nourrir l'illusion que notre conscience puisse sans cesse éclairer tous les recoins de notre personnalité. L'inconscient résiste : il a en quelque sorte son quant-à-soi et il ne révèle ses désirs profonds qu'indirectement, par exemple grâce au biais des rêves (à condition que nous sachions leur être attentifs), mais aussi à l'occasion de certains « actes manqués » (comme les lapsus).

Freud ne prétend pas que nous puissions jamais (ni que nous devions) atteindre un état de bonheur lucide où nous arriverions à saisir toutes les ruses de notre inconscient. Ce serait de nouveau céder au rêve cartésien d'une maîtrise intégrale, à un niveau plus subtil. En tant que médecin, il entend surtout soigner les névroses, conduites pathologiques qui rendent l'existence difficilement supportable. La plupart d'entre nous, heureusement, arrivent à trouver des « solutions de compromis » qui assurent une existence dite normale.

Freud a-t-il dit le dernier mot sur le désir et ses relations complexes avec notre conscience ? Hegel, avec qui nous avons commencé à lier connaissance, avait eu une intuition géniale qui a, me semble-t-il, une portée plus décisive encore que la théorie freudienne. Pour Hegel, l'homme est un être qui désire toujours plus que la satisfaction des besoins naturels parce qu'il désire ce qu'aucun objet inanimé ne peut lui apporter : il désire être reconnu. Le désir humain est infini :

il désire être désiré infiniment. Or, par qui peut-il être désiré infiniment, si ce n'est par un autre humain ? Le combat qui décide de l'humanité de l'homme est le combat pour la reconnaissance, dont une forme exemplaire est l'affrontement entre le maître et l'esclave (qui lutte et travaille pour ne pas être réduit à une chose).

Que désirons-nous le plus ? Nous avons un commencement de réponse : être reconnus pour ce que nous sommes, des êtres infiniment libres et responsables.

Mais savons-nous complètement nous-mêmes ce que nous sommes, savons-nous complètement ce qu'autrui attend de nous ? La lutte pour la reconnaissance n'est jamais complètement terminée, car nos désirs sont la proie de l'inconscient et il faut apprendre à mieux les connaître pour les partager.

-20

La technique et la vie

En fondant la psychanalyse, Freud a opéré une véritable révolution : non seulement en fonction du rôle reconnu à la sexualité, mais en démasquant l'importance de l'inconscient et de son « inquiétante étrangeté ». Il n'a jamais considéré que ses découvertes se réduisaient à des instruments pour mettre au point une sorte de technique de vie. Arrivant aux États-Unis, il aurait dit : « Ils ne savent pas que je vais leur apporter la peste. » Régnant en Amérique, la conception d'une psychanalyse comme pure et simple technique de normalisation lui répugnait.

Le danger de réduire notre vie psychique et morale à une technique est double. D'une part, nous risquons d'oublier en fonction de quoi nous devons conduire notre existence : pouvons-nous agir sans nous orienter sérieusement, c'est-à-dire sans trouver les critères qui nous permettront de le faire à bon escient (qu'est-ce qui est juste ou injuste, bien ou mal ? comment en décider ?).

D'autre part, s'agit-il seulement de réguler nos désirs pour les faire fonctionner comme on fait marcher un moteur ? notre existence se réduit-elle aux différentes phases d'un comportement de base, de telle sorte qu'on pourrait en rendre compte uniquement en fonction du couple « stimulus-réponse » ? Telle est la conception béhavioriste de la vie psychique. Lancée aux États-Unis, elle y a connu un succès considérable ; elle s'est diffusée dans tous les aspects de notre vie contemporaine et de la société de consommation. Nous en subissons les effets à tout instant, le plus souvent sans nous en douter. Ainsi la publicité utilise-t-elle des moyens élémentaires et massifs qui sont purement et simplement des techniques de manipulation de notre conscience et de notre inconscient. Qui bombarde-t-on de slogans ou d'images ? Des hommes et des femmes libres et responsables ? On ne voit en eux que des « consommateurs de base », suivant des techniques testées sur des échantillons significatifs ; on fait même passer à la télévision ou au cinéma des « messages subliminaux », c'est-à-dire des images censées être efficaces qui sont glissées avec une extrême rapidité sans qu'on puisse s'en apercevoir. On est loin des ruses les plus subtiles de l'inconscient freudien ! Et encore plus loin de la reconnaissance de l'homme par l'homme !

Il est évident que notre société est technicisée en tous ses aspects. Bien sûr, nous en bénéficions pour nos déplacements, nos communications, les commodités de la vie, notre santé, notre confort. Devons-nous cependant techniciser aussi nos pensées, nos attitudes, nos émotions ? N'est-ce pas précisément dans ce sens que nous poussent toutes ces techniques de *marketing* dont on vient de parler ? Il ne s'agit plus de convaincre ou de persuader par des discours argumentés. Quand on vous conditionne pour vous imposer l'image « branchée » ou « tendance » de tel type de *jeans* ou de chaussures, quand on vous impose l'image d'une allure *smart* extrêmement mince pour promouvoir des yoghourts et autres aliments à 0 % de matière grasse, on vous réduit à quelques réactions élémentaires. Jusqu'où iront ces manipulations ? Vous laisserez-vous faire sans réagir, sans exercer votre esprit critique ?

– « On en prend et on en laisse », me répondras-tu. Je l'admets bien volontiers et j'espère que des jeunes intelligents n'accepteront pas d'être transformés intégralement en consommateurs de base. Cependant, tout dépend du niveau de formation et de culture : l'esprit critique ne tombe pas du ciel ; il s'acquiert, se construit et se perfectionne.

De plus, si j'insiste tant sur les aspects négatifs de notre société de consommation, c'est qu'ils révèlent un problème plus général dont une réflexion philosophique ne doit pas faire l'économie : la vie et l'existence doivent-elles être envisagées uniquement sous l'angle technique ? Au niveau biologique, jusqu'où faut-il aller dans l'utilisation et le perfectionnement des techniques de procréation médicalement assistée, de manipulations du code génétique et peut-être demain de clonage ? Au niveau psychologique et moral, dois-je considérer les autres comme de simples moyens : par exemple, les parents ne « servent-ils » qu'à me loger et me donner de l'argent ? mes camarades à me distraire et me rendre service, ma petite amie à me donner du plaisir, etc. ? Si tel était le cas, ne prévaudrait qu'une conception purement instrumentale de l'existence. Que resterait-il d'humain ?

La technique est définie traditionnellement comme l'utilisation de moyens en vue de fins. Encore faut-il que les fins soient clairement perçues et lucidement choisies. Tant que les techniques restaient simples et artisanales, le rapport entre moyens et fins était directement visible. Mais dans notre civilisation la technique est omniprésente ; elle est même devenue un enjeu social ; elle est intégrée et intériorisée dans nos comportements. Surtout, elle ne se réduit pas à une addition d'instruments, d'équipements et de machines ; elle opère plus efficacement et plus subtilement en faisant converger les sciences et les techniques. Ainsi l'informatique est-elle typiquement une « techno-science », puisqu'elle implique à la fois des modèles mathématiques (les programmes du *software*) et des équipements électroniques perfectionnés (le *hardware*). On ne peut nier que cette « techno-science » a puissamment contribué à transformer nos vies.

Quels que soient ses commodités et ses avantages, l'informatique va-t-elle juger à ma place les critères de mon action ? Elle peut certes m'aider à m'informer. Vais-je pour autant programmer ma vie sans me fixer d'autre objectif que l'efficacité ? et, d'ailleurs, de quel type d'efficacité s'agirait-il ? Nous retrouvons les questions initiales : qu'est-ce qui est juste ou injuste, bien ou mal, comment en décider ? Ce ne sont pas des questions techniques.

-21

LE BIEN, LE MAL ET AU-DELÀ ?

EST-IL NÉCESSAIRE d'avoir reçu une éducation religieuse pour savoir que, d'après le récit biblique, le péché, à la suite duquel ils sont expulsés du paradis terrestre, a permis à nos ancêtres, Adam et Ève, de consommer le fruit de l'arbre de la connaissance du bien et du mal ?

Le sens de ce symbole est très fort. La connaissance du bien et du mal est notre redoutable privilège. L'innocence était plus douce. Désormais il faut choisir et assumer la charge d'une conscience responsable.

Responsable devant qui ou devant quoi ? La première réponse qui vient à l'esprit est : notre conscience. Mais cette instance est-elle vraiment à l'origine des premiers interdits qui marquent les limites du bien et du mal (« Tu ne tueras point », « Tu ne voleras point », « Tu ne commettras pas d'adultère », etc.) ? Bergson a formulé une hypothèse simple qu'il faut retenir, justement en repartant du souvenir du fruit défendu : c'est d'abord un interdit social qui fixe les limites de ce qui est bien et de ce qui est mal. Les premières morales sont des « morales closes », c'est-à-dire des prescriptions étroitement délimitées par les règles du fonctionnement social. Chaque membre du groupe, de la tribu, du clan sait exactement ce qu'il peut faire et ce qu'il doit éviter. Ce n'est que progressivement que l'idée du bien et du mal va se dégager de cette origine sociale étroite et que finalement s'imposera, chez Platon, l'idée supérieure du Bien en soi, inscrite au sommet du ciel des Idées.

Si l'on s'en tenait à cette reconstitution de l'origine sociale des notions de bien et de mal, ne serait-on pas tenté de la prolonger jusqu'à nos jours et en nos sociétés développées ? Il n'y aurait pas de bien et de mal absolus, mais seulement des interdits relatifs à l'état de la société. Cette relativité autoriserait n'importe quelle transgression, pourvu qu'elle échappe à la sanction ou à la répression.

Ce relativisme rendrait impossible l'établissement d'une morale stable et cohérente. Bergson le dépasse, puisqu'il montre que l'universalisation et l'intériorisation du sens moral sont des progrès qui conduisent vers la « morale ouverte », c'est-à-dire vers une morale reposant moins sur les interdits que sur l'incitation, l'élan vital, l'amour d'autrui. Les règles sociales ne sont alors pas ignorées, mais leur étroitesse est surmontée par un approfondissement du sens moral, et non par une régression.

La négation du sens du bien et du mal peut en effet se faire par le bas ou par le haut.

Par le bas, le pire n'est-il pas la volonté de faire le mal pour le mal ? Il ne faut pas méconnaître que l'humanité est capable du pire comme du meilleur et que le mythe du Diable figure cette possibilité extrême et radicalement destructrice.

De nos jours se développe cependant une forme de malignité peut-être plus dangereuse que le vice triomphant proclamé par le marquis de Sade en ses célèbres écrits. C'est une attitude d'indifférence qui doit être analysée, car elle n'est pas elle-même indifférente : elle n'est pas sans conséquences. Prétendre que tout se vaut est une attitude insoutenable en principe, mais insidieusement répandue comme une sorte de sous-culture ou de sous-produit de notre civilisation. Attitude favorisée par la surconsommation passive de la télévision sans aucun contrepoids critique, elle explique que l'injustifiable devienne monnaie courante : violences gratuites, cruautés banalisées, insensibilité érigée en système.

La « réponse » de nos sociétés est évidemment insuffisante : la répression va frapper les plus défavorisés, épargner le banditisme de haut vol. Force est de constater une évolution où l'appréciation des rapports de force tend à remplacer les jugements purement moraux, le respect d'autrui, le sens des valeurs supérieures.

La réflexion philosophique ne doit pas confondre ce qui *est* avec ce qui *doit être*. Elle intervient aux deux niveaux : appréciation des réalités, élaboration des critères. Si responsable soit-elle, et justement parce qu'elle l'est, elle ne peut pas non plus exclure l'hypothèse d'un dépassement du bien et du mal par le haut.

Qu'entendre par là ? C'est en nous tournant vers l'art que nous mesurerons mieux dans quelle direction nous sommes ainsi conduits et les nouvelles exigences qui en résultent.

-22

L'ÉLÉVATION PAR L'ART

L'ART, POUR QUOI FAIRE ? On pourrait se contenter de manger, boire, dormir, faire l'amour. Ne serait-ce pas la vie idéale pour certains ? Mais ne serait-ce pas une vie proche de l'animalité ? Sans curiosité, sans intérêt autre que la satisfaction des besoins immédiats : serait-ce vraiment une vie comblée ?

L'art, au contraire, l'art véritable, enchante, inquiète et fait rêver. En ce sens, il nous élève au-dessus de nos instincts. Pourtant, on n'y arrive pas directement. Comment en vient-on à faire de l'art, à l'apprécier, à en avoir même un vif désir ? La musique, la peinture, la danse ne sont-elles pas capables de fasciner au point de devenir des sources de joie et de transformer la vie ?

Il faut d'abord s'y initier, comme à la philosophie !... Il faut apprendre à écouter, regarder, mieux contrôler son corps. Avant d'atteindre les plus hautes émotions esthétiques et pour tenter de jouer de la guitare, de dessiner, de bondir et virevolter sans être ridicule, il y a – comme on dit – une certaine technique à acquérir. En quel sens a-t-on raison de parler de technique ? Ce n'est pas principalement parce qu'on utilise des instruments ou même des machines ; on se sert de moyens en vue d'obtenir des résultats ; on part d'un état donné de nos sens, de nos capacités ou de nos émotions et on vise à le transformer, à l'améliorer, à réaliser des performances dont on n'était pas capable au départ. Ainsi au piano, on commence par *do*, *ré*, *mi*, *fa*, *sol* ; on joue des gammes très simples ; puis, jour après jour, on passe à des exercices progressivement plus compliqués ; les doigts se délient ; notre oreille s'affine ; nous déchiffrons plus rapidement, etc.

L'art est donc d'abord technique. Et à tel point qu'il arrive qu'on ne fasse pas toujours la différence entre les deux. Après le concert d'un grand virtuose, ne dira-t-on pas : « Quelle technique ! » ? Et un pont solide et réussi, n'est-il pas nommé : « ouvrage d'art » ? La raison en est simple : on ne fait pas de l'art comme on respire ou comme on mange ; l'art est une activité humaine qui transforme des éléments matériels et les métamorphose. Mais pour quoi faire ?

Ne pourrait-on pas objecter à l'art (comme il arrive qu'on le fasse à la philosophie) : ça ne sert à rien ? Bien entendu. Cette objection peut être nommée « utilitariste » : l'humanité pourrait et devrait s'en tenir à ce qui lui est strictement utile. Mais où s'arrête la limite de l'utile ? N'est-il pas aussi utile de se distraire, de jouer, de rêver ? Cette conception qui limite l'humain à l'élémentaire nous ramène au premier cas de figure : une humanité qui mange, boit, etc., sans horizon autre, sans élévation possible. Hélas, des expériences ont eu lieu dans l'histoire : par exemple, la société maoïste en Chine ; et même dans le monde capitaliste et censé démocratique, prévaut souvent, en particulier en Amérique du Nord, une vision de l'existence réglée en fonction de « standards » élémentaires ou médiocres.

L'art élève, exige, transfigure. Et c'est pourquoi il dérange. Il n'en reste pas au niveau purement technique d'où il part. Comment s'opère ce « décollage » entre technique et art ? Kant a une réponse ingénieuse : l'art introduit « désintéressement » et « libre jeu » dans des activités initialement fonctionnelles. Si je joue du piano uniquement pour me dégourdir les doigts, ce n'est pas encore de l'art ; si je repeins mes volets, ce n'est pas non plus de l'art ; si je fais ma gymnastique matinale, ce n'est pas encore de la danse. Toutes ces activités sont techniques à des degrés divers. L'art n'est pas seulement plus complexe : il y a des chansons de Brassens ou de Trenet qui sont des petits chefs-d'œuvre d'émotion, d'une simplicité désarmante, mais ouvrant sur une dimension de jeu et de liberté, qui nous fait oublier nos soucis quotidiens.

L'art n'élève-t-il pas aussi au-dessus de la morale ? Peut-on dire de *L'Art de la fugue* de Bach qu'il est moral ou immoral ? Admirer *La Dentellière* de Vermeer, c'est un pur déploiement du regard – ni édifiant, ni pervers. Devra-t-on apprécier le ballet de Béjart, sur la musique du *Sacre du printemps* de Stravinsky, en fonction de critères moraux ? Aujourd'hui plus personne n'oserait le faire sans craindre le ridicule. Pourtant cette autonomie qui assure la liberté du créateur comme celle de l'amateur n'a pas toujours été respectée ; et le débat est encore ouvert : jusqu'où peut et doit aller la liberté artistique ?

Lorsqu'on pose cette question, on retrouve celle que nous avions soulevée à propos du dépassement éventuel du bien et du mal. Que l'art nous élève au-dessus de nous-mêmes, ce n'est pas contestable. Qu'il s'agisse d'une élévation morale, c'est beaucoup moins sûr. Et quand l'art gagne toute la vie, transfigure notre existence, ne nous mène-t-il pas au-dessus de toutes les morales conventionnelles et même par-delà le bien et le mal ? Un suprême art de la vie peut-il remplacer toute morale ? Question difficile qu'il faut examiner avec le plus audacieux des philosophes.

-23

NIETZSCHE L'INCLASSABLE

SI JE N'AI PAS présenté Nietzsche dans la galerie des nobles esprits, ce n'est nullement parce qu'il manque de noblesse ; c'est surtout parce qu'il ne s'insère pas paisiblement dans la tradition classique occidentale. C'est un penseur qui se présente lui-même en rupture de ban : « Je suis une dynamite », dira-t-il à la fin de sa vie lucide. Son destin tragique accentue encore son profil exceptionnel : durant l'hiver 1888-1889, à l'âge de quarante-quatre ans, à Turin, il embrasse un cheval en pleurant, envoie des cartes postales exaltées en signant « Le Crucifié », sombre dans une profonde apathie ponctuée de délires.

Faut-il vraiment encourager les jeunes à suivre un philosophe aussi peu équilibré et aussi peu « sage » ? Qu'on se rassure et qu'on se le dise : je ne vous conseillerai pas de le *suivre*. Ce serait, d'ailleurs, tout à fait contraire à l'esprit de son œuvre : il ne veut pas constituer à proprement parler une école au service d'une doctrine ; il proclame qu'il écrit pour les « esprits libres » ; et Zarathoustra, son « porte-parole », reste un grand solitaire.

Ce qu'il faut, pour aborder Nietzsche, ce n'est certainement pas lire un résumé de ses « thèses ». Pour d'autres philosophes, Kant par exemple, on peut défendre une méthode consistant d'abord à se familiariser avec quelques propositions fondamentales en se réservant de les analyser et de les approfondir par la suite. Chez Nietzsche, il n'en va pas de même : il a un ton, un style si personnels que rien ne remplace sa lecture.

Que lire en priorité ? Pour moi, à dix-sept ans, ce fut *La Naissance de la tragédie.* Livre bref et enthousiaste d'un helléniste qui pose un problème souvent oublié par les professeurs de grec : comment expliquer l'apparition de la tragédie, art unique, formellement parfait, mais chargé de toute la douleur et de la joie de la vie ? Une sensibilité extrême a su s'imposer une discipline rigoureuse : cette tension est symbolisée par la lutte des dieux antagonistes, Dionysos, dieu de l'ivresse sacrée, Apollon, dieu lumineux de l'harmonie et de la mesure.

Par rapport à ce foyer tragique, la rationalité ironique de Socrate et de Platon apparaît comme un phénomène tardif et décadent. Nietzsche amorce ainsi une critique radicale de l'intellectualisme socratique et de l'idéalisme de Platon.

Je conseillerai tout aussi bien la lecture du Prologue de *Ainsi parlait Zarathoustra*, où est annoncé l'avènement possible du Surhumain. Ce qui est reproché aux professeurs de vertu et à ceux qui méprisent le corps humain, c'est de n'avoir ni le sens de la vie ni le sens de la terre. L'homme, tel qu'il a été jusqu'ici, a été un « torrent bourbeux », il n'a pas été au bout de ses possibilités, il n'a pas tendu l'arc de ses désirs au-dessus de l'animalité et par-delà la médiocrité qui guette sans cesse les « derniers hommes » – les hommes modernes qui clignent des yeux en disant : « Nous avons inventé le bonheur. »

Toute la tradition que Nietzsche remet en cause est celle qui déserte notre séjour terrestre pour se mettre en quête d'un monde idéal : c'est la tradition platonicienne et chrétienne. La critique nietzschéenne porte à la fois sur la morale ascétique de cette tradition, morale du renoncement et du ressentiment contre la vie, et contre ses principes suprasensibles (le Bien idéal, le Dieu du monothéisme).

Il y a donc chez Nietzsche deux gestes complémentaires : critique et constructif. On ne peut pas séparer sa généalogie de la morale et son *Oui* renouvelé à la Vie.

Comment donner forme à cette réconciliation avec la Vie sans une discipline nouvelle : cette élévation privilégiée que seul peut accomplir le grand art ? Devenu art de la vie, ne dépasse-t-il pas absolument le bien et le mal ?

On pourrait minimiser quelque peu la nouveauté de Nietzsche en faisant remarquer que, pour Pascal déjà, la « vraie morale se moque de la morale ». Mais chez Pascal ce dépassement reste dans les limites de la religion chrétienne (c'est la grâce de Dieu qui nous fait trouver la bonne mesure au-delà de toutes les bornes humaines), tandis que Nietzsche entend dépasser toutes les valeurs reconnues (puisque « Dieu est mort »).

Mais il ne faut pas minimiser les risques pris par Nietzsche : il nous fait sauter dans l'inconnu. Et la vigueur de sa critique de la morale chrétienne doit-elle nous faire accepter sans condition son apologie d'une « grande politique » menée par des génies sanguinaires et cyniques comme César ou Napoléon ?

N'oublions pas que Nietzsche n'écrit pas pour la masse, mais pour les meilleurs, qui sont peu nombreux, ces « esprits libres » qui constituent une véritable aristocratie de l'esprit. A-t-il raison ? A-t-il tort ? Ce qu'il écrit sur l'art est inoubliable, parce qu'il est lui-même un grand artiste en même temps qu'un penseur (ce n'est pas le cas de tous les grands philosophes).

Ce qu'il écrit sur la politique est beaucoup moins digne de notre admiration : ne faut-il pas repartir des réalités en prenant en compte ce qu'est l'humanité dans sa majorité – non pour l'écraser de mépris, mais pour la gouverner selon la Justice ?

-24

Quelle société, quel État ?

NIETZSCHE qui n'est pas considéré comme un philosophe politique nous a conduit cependant à la question politique. Vouloir déduire directement une politique de sa pensée est pourtant une entreprise pleine d'embûches : les nazis ont voulu en faire un de leurs prophètes, mais en le censurant. Un mélange paradoxal d'anarchisme et d'esprit aristocratique lui serait moins infidèle.

Depuis Platon, la philosophie doit affronter la politique, essayer d'en penser les principes et les fins : le philosophe peut même être tenté de devenir un conseiller du Prince, pour le meilleur et pour le pire.

Reconnaître cette importance de la politique ne signifie pas que « tout est politique », comme le proclamaient certains étudiants lors des événements de mai 1968 (c'est, en fait, un slogan totalitaire, car il détruit la séparation entre la sphère privée et le domaine public). Cela veut plutôt dire qu'une réflexion responsable sur l'homme et sur son avenir ne peut pas ignorer la question de la meilleure forme d'État, ni le problème de l'articulation à trouver entre morale privée et statut public (la citoyenneté, ses droits et ses devoirs).

Une réflexion de bon sens nous répète que : « Les conseilleurs ne sont pas les payeurs. » Il est bien vrai qu'un excellent philosophe politique ne fera pas forcément un homme d'État efficace. Le philosophe réfléchit sur les principes ; il n'a pas lui-même à les mettre en application. De même, on peut avoir écrit un excellent traité de médecine, sans être soi-même un véritable praticien – ou l'inverse. Le fait que Platon ait échoué auprès du tyran de Syracuse ne diminue pas l'intérêt de *La République* qui nourrit la réflexion politique depuis vingt-cinq siècles.

Qu'en est-il aujourd'hui ? Nous devrions savoir bénéficier de toutes les expériences accumulées grâce aux leçons de l'histoire en matière d'organisation de la société, de constitutions, de modes de gouvernement, etc. Il est certain que la philosophie politique est devenue, par elle-même, une spécialité riche et complexe qui ne manque pas de précédents et de références pour méditer sur l'évolution mouvementée de l'Occident – et qui bénéficie de toute une tradition de réflexion. Mais, une fois de plus, la réalité n'est pas ce qu'elle devrait être : Hegel remarque qu'il est rare que les hommes tirent les leçons de l'histoire. Effectivement les gouvernements en place ont beau disposer de nombreux conseillers, d'informations archivées et de simulations programmées sur ordinateurs, ils obéissent le plus souvent à des impératifs d'opportunité sous la pression d'intérêts puissants ; et rares sont les occasions, pour les philosophes, d'influer directement sur le cours des événements et des décisions politiques.

La grande tentation philosophique a été et reste l'utopie, c'est-à-dire le rêve d'une société idéale. L'utopie est-elle salutaire ou dangereuse ? Ses partisans font valoir qu'elle nourrit l'espoir et que, sans elle, la politique serait réduite aux tristes réalités de la gestion. Les adversaires de l'utopie la trouvent dangereuse : le déni des réalités conduit au mépris des hommes. Robespierre, Staline, Hitler étaient des utopistes : ils visaient, l'un une société vertueuse et incorruptible, l'autre une société absolument égalitaire et disciplinée, le troisième une société racialement pure. On connaît les résultats : autant de formes de terreur.

La philosophie politique doit donc prendre en compte les réalités de la société. C'est ce que fait Aristote lorsque, dans sa *Politique*, il définit l'homme comme un « animal politique », subordonne l'économie à la politique, mais surtout analyse les différentes sortes de constitutions possibles : démocratie, monarchie, aristocratie (et leurs déviations). Pour lui, le meilleur régime n'est pas un idéal lointain ; c'est un juste milieu, c'est-à-dire une solution tout à fait réalisable, évitant les maux extrêmes pour résoudre le problème de toute politique : comment permettre à des hommes de vivre ensemble harmonieusement et selon la Justice ?

Cette leçon est toujours valide et elle implique qu'on fasse la distinction entre la société en général (avec ses différentes formes de groupements : de la famille au clan, à l'association, etc.) et l'État, c'est-à-dire l'institution d'un pouvoir politique régulier et souverain disposant d'un territoire, d'une monnaie, d'une armée, etc.

Tous les problèmes éthiques ou sociaux ne sont pas des problèmes politiques. Tous les problèmes politiques ne se situent pas au même niveau, surtout dans nos sociétés développées dont les structures sont complexes.

Une des tâches de la philosophie actuelle, dans ce domaine, est la prise de conscience des spécificités de la politique au sens moderne. Beaucoup de questions à résoudre (par exemple, l'établissement des budgets, l'organisation de l'administration, la gestion des personnels, etc.) sont des problèmes techniques. Cela entraîne-t-il une technicisation de la sphère politique dans son ensemble ? Le président de la République, le Premier ministre ne sont-ils plus que des gestionnaires ? Si la politique garde un sens, en quoi doit consister son rôle ? Comment respectera-t-elle les impératifs éthiques ? Comment chaque citoyen doit-il concevoir sa place et ses modes d'intervention, afin de faire valoir ses droits sans trahir ses devoirs ? Toutes ces questions sont actuelles et même urgentes pour une philosophie politique responsable.

Au croisement de l'idéal et du réel, du droit et de la morale, de l'individuel et du collectif, il y a encore et toujours la réflexion et l'action politiques. Selon Bergson, tout véritable homme d'action doit être un homme de pensée, et inversement. C'est dire que la pensée philosophique doit être le revers critique et réflexif de l'action politique – et son complément salutaire.

La philosophie politique doit donc prendre en compte les réalités de la société. C'est ce que fait Aristote lorsque, dans sa *Politique*, il définit l'homme comme un « animal politique », subordonne l'économie à la politique, mais surtout analyse les différentes sortes de constitutions possibles : démocratie, monarchie, aristocratie (et leurs déviations). Pour lui, le meilleur régime n'est pas un idéal lointain ; c'est un juste milieu, c'est-à-dire une solution tout à fait réalisable, évitant les maux extrêmes pour résoudre le problème de toute politique : comment permettre à des hommes de vivre ensemble harmonieusement et selon la Justice ?

Cette leçon est toujours valide et elle implique qu'on fasse la distinction entre la société en général (avec ses différentes formes de groupements : de la famille au clan, à l'association, etc.) et l'État, c'est-à-dire l'institution d'un pouvoir politique régulier et souverain disposant d'un territoire, d'une monnaie, d'une armée, etc.

Tous les problèmes éthiques ou sociaux ne sont pas des problèmes politiques. Tous les problèmes politiques ne se situent pas au même niveau, surtout dans nos sociétés développées dont les structures sont complexes.

Une des tâches de la philosophie actuelle, dans ce domaine, est la prise de conscience des spécificités de la politique au sens moderne. Beaucoup de questions à résoudre (par exemple, l'établissement des budgets, l'organisation de l'administration, la gestion des personnels, etc.) sont des problèmes techniques. Cela entraîne-t-il une technicisation de la sphère politique dans son ensemble ? Le président de la République, le Premier ministre ne sont-ils plus que des gestionnaires ? Si la politique garde un sens, en quoi doit consister son rôle ? Comment respectera-t-elle les impératifs éthiques ? Comment chaque citoyen doit-il concevoir sa place et ses modes d'intervention, afin de faire valoir ses droits sans trahir ses devoirs ? Toutes ces questions

–25

Trop de questions ? Une seule question

Nous avons abordé déjà beaucoup de problèmes : de la morale à la politique, de l'esthétique à la religion. En tant qu'apprentis philosophes, allons-nous devenir des touche-à-tout ?

J'attendais cette objection, dont une autre forme, moins noble pourrait être : nous ne pouvons pas tout savoir ! Même allégé, le programme est encore trop vaste !

Alors que nous abordons notre dernière ligne droite, il est tout à fait souhaitable que nous fassions une pause pour réfléchir sur ces objections.

Une telle pause est un acte essentiellement philosophique !

Il est vrai qu'en principe aucun problème humain ne doit rester étranger à la philosophie. Mais, si intelligent, si travailleur soit-il, aucun philosophe ne peut maîtriser *tous* les problèmes, surtout dans un monde constamment transformé par l'évolution rapide des sciences, des techniques et des modes de vie. C'est pourquoi la recherche philosophique de haut niveau doit se spécialiser : logique, philosophie des sciences, philosophie des techniques, esthétique, éthique, philosophie politique constituent autant de champs d'étude très largement autonomisés.

Est-ce à dire qu'il soit devenu impossible de pratiquer la philosophie comme telle ? Kant a envisagé ce genre de difficulté (car le savoir de son temps était déjà encyclopédique) et sa réponse est la suivante : « On ne peut pas apprendre la philosophie, car il n'existe pas de philosophie achevée, universellement valable. On peut seulement apprendre à philosopher. » Autrement dit, on n'apprend pas la philosophie comme une addition de connaissances ; le problème de l'encyclopédisme en philosophie est donc un faux problème ; c'est en argumentant, raisonnant, posant des questions pertinentes, en les examinant de manière critique, en acquérant plus de maturité intellectuelle, etc., que l'on apprend à philosopher.

La réponse kantienne vaut pour le débutant comme pour le professionnel chevronné.

Je ne prétends pas que, grâce à cette initiation, tu n'es déjà plus une débutante. Du moins te rends-tu compte que chaque leçon est destinée à susciter l'étonnement et la réflexion. Il ne s'agit pas d'apprendre par cœur cette initiation, pas plus qu'aucun manuel ou traité de philosophie (ce n'est pas une discipline où il suffise de cocher des cases dans un questionnaire). Il s'agit d'amorcer une réflexion et, bien sûr, en commençant à acquérir un certain savoir, de se familiariser peu à peu avec le vocabulaire philosophique, d'apprendre à poser un problème, d'examiner ses différents aspects, d'organiser une discussion, d'aborder aussi peu à peu les grands auteurs.

De son côté, le philosophe professionnel, qui a déjà accumulé un grand nombre de connaissances, doit-il négliger la leçon de Kant : il est savant dans le domaine philosophique, mais n'a-t-il pas oublié de philosopher ? Ne doit-il pas savoir encore s'étonner et, en s'étonnant toujours à nouveau, réapprendre à philosopher ?

Bien que Bergson affirme non sans raisons que toute vraie philosophie tourne autour d'une intuition simple, nous n'obtiendrons pas toujours la même réponse à la question : quel est le cœur de la philosophie ?

Tentons l'expérience sur la réponse qui nous vient à l'esprit en écoutant le début de la célèbre tirade d'*Hamlet* : « Être ou ne pas être… ? » Cette alternative ne pose-t-elle pas la question philosophique par excellence ? Et s'il ne fallait retenir qu'une question, ne serait-ce pas précisément celle-là ?

La réflexion sur cette question va nous révéler qu'elle n'est pas à entendre en un seul sens.

Chez Shakespeare, il s'agit de savoir si, en mettant fin à cette existence, on connaîtra un sommeil sans remords, ou si un jugement nous attend dans l'au-delà. Le problème de l'être est celui de la décision que tout homme libre peut prendre au sujet de sa propre vie et de sa mort éventuelle ; c'est le problème que Camus considère comme le plus important de toute la philosophie lorsqu'il écrit, au début de son essai, *Le Mythe de Sisyphe* : « Il n'y a qu'un problème philosophique vraiment sérieux : c'est le suicide. Juger que la vie vaut ou ne vaut pas d'être vécue, c'est répondre à la question fondamentale de la philosophie. » La réponse de Camus à cette question qui se veut la plus concrète de toutes est une réflexion sur la condition humaine : oui, notre condition est absurde ; l'homme est un être qui doit souffrir et souvent sans raison ; mais il a le privilège d'en être conscient et de pouvoir disposer librement de sa vie ; renoncer à lutter, choisir l'anéantissement n'est pas la solution courageuse. Camus s'attaque surtout à la conception nihiliste du suicide, qu'il récuse parce qu'elle méprise la vie et la rend indifférente. Choisir la solution héroïque, c'est choisir d'assumer la charge la plus noble : la liberté d'assumer la vie en son tragique même.

Peut-on décider si la vie a un sens, sans avoir réfléchi sur la notion même de sens, sur le sens de la réalité, sur l'être même ? La question « Être ou ne pas être » prend alors une signification beaucoup moins immédiate, beaucoup plus distanciée : elle ne se limite nullement au petit problème de ma survie personnelle ; elle concerne l'être comme tel, c'est-à-dire le fait même qu'il y a de l'être face au néant, au non-être. L'être ne s'impose pas à moi de telle façon que je ne conçoive pas aussi qu'il puisse ne pas exister. Mais ce néant qui est présent à ma pensée n'est-il qu'un pur concept dérivé ou prélevé par soustraction sur ce qui existe (comme le pense Bergson) ? Ou bien, aussi paradoxal que cela puisse paraître, faut-il lui reconnaître une angoissante « réalité » (comme le soutient Heidegger dans sa conférence *Qu'est-ce que la métaphysique ?*).

Dans le deuxième cas, la question d'Hamlet prend un sens plus énigmatique.

Ce sens est-il trop abstrait ? Mais l'étonnement devant l'être, devant le fait même qu'il y a de l'être, ne doit-il pas être salué et sauvegardé comme l'acte le plus philosophique qui soit ?

-26

Comment aborder les auteurs ?

Il se peut que tu sois rebelle (ou allergique) au type de questionnement qui est ici proposé et prôné. Supposons que ce soit le cas et que tu préfères ne pas (trop) te poser de questions. Sans t'approuver, je propose que nous poursuivions encore un peu notre conversation.

Conversation, ai-je dit, non conversion. Je n'ai pas parlé de te convertir à la philosophie. J'ai fait appel à ton intelligence. Tu me répondras peut-être que tu as l'esprit de géométrie et non de finesse. Ce serait déjà une réponse intéressante et informée, puisqu'elle présupposerait la connaissance d'une distinction faite par Pascal, et qu'elle créditerait la philosophie d'une qualité : la finesse.

Note que je n'ai pas fait l'éloge inconditionnel de la philosophie et que je ne cherche pas à tout prix à la présenter comme l'activité suprême. J'ai surtout voulu montrer ses possibilités, ses ressources intellectuelles et critiques. Au cas où tu n'aurais pas « mordu », je voudrais encore essayer de discuter quelques points qui peuvent te permettre de surmonter des réactions trop passionnelles ou irréfléchies.

Il se peut, par exemple, que tu tombes, un jour, par hasard, sur un auteur qui te convienne mieux que les autres. Supposons même qu'il t'« accroche » ! Je ne reviendrai pas aux philosophes classiques avec lesquels nous avons déjà fait connaissance, m'en tenant plutôt à quelques conseils pratiques pour aborder les auteurs susceptibles de te toucher ou de te passionner.

La lecture d'un grand texte t'apportera une expérience irremplaçable qu'aucun manuel, aucun résumé, aucun cours ne permettent. On découvre soudain un style, un ton personnel, un maître, un ami. Malebranche, se promenant sur les quais de la Seine, ouvrit par hasard le traité *De l'homme* de Descartes ; sa vie en fut transformée. Connaîtras-tu une expérience analogue ?

Je me suis demandé parfois, en faisant travailler mon imagination, ce que j'aurais appris en rencontrant Socrate, Platon, Aristote en chair et en os. Peut-être pas beaucoup plus que par la lecture de leurs textes.

Bien sûr, il faut se donner la peine de lire, ce qui demande un peu plus que d'écouter. Et avant même de lire, il faut faire un bon choix. Je comprends ton embarras devant une bibliothèque d'ouvrages difficiles ! Aussi vais-je donner quelques conseils tout simples.

S'il est toujours préférable d'aller aux grands

textes, cela ne veut pas dire qu'il faille se jeter de but en blanc dans la *Critique de la raison pure*, en voulant la lire de A jusqu'à Z, comme on dévore un gros roman. Mais si tu abordes les deux Préfaces, tu seras peut-être surprise d'arriver à les comprendre sans trop de difficulté. Il en est de même chez Descartes : le *Discours de la méthode* est une sorte de Préface qui comporte des éléments de récit (sur l'éducation reçue au collège de la Flèche, sur ses goûts) ; sa langue est admirable. Ne serait-il pas stimulant d'y tenter une petite exploration ?

Si tu cherches un anticonformiste, un original un peu fou, un observateur impitoyable du cœur humain, un pessimiste revigorant, choisis Schopenhauer. Plutôt que de te plonger d'emblée dans son chef-d'œuvre, *Du monde comme volonté et représentation,* tu trouveras dans le commerce des petits livres paradoxaux et surprenants comme *L'Art d'avoir toujours raison* ou *L'Art d'être heureux en 50 règles de vie*.

À l'inverse, si tu as l'esprit de géométrie, si tu cherches une philosophie qui te permette d'atteindre des certitudes pour parfaire des études scientifiques, tourne-toi plutôt vers Auguste Comte dont le *Discours sur l'esprit positif* offre la synthèse d'une pensée qui se veut rationnelle, précise, moderne et concrète. Il se peut cependant que le style à la fois méthodique et rhétorique t'en paraisse un peu vieillot. Dans ce cas, essaie de t'initier à une théorie contemporaine de la connaissance scientifique grâce à un maître vif et sympathique : Gaston Bachelard dont le livre le plus abordable en la matière est *Le Nouvel esprit scientifique.*

J'allais oublier un maître de la langue française, admirable de clarté et de sens pédagogique : Bergson. Pour lier connaissance avec lui, quoi de plus agréable que l'essai qu'il a consacré au comique ? À l'origine, c'était un discours de distribution des prix, exercice dont les lycéens d'aujourd'hui ne connaissent plus ni les obligations ni les charmes. Sans doute n'est-ce pas son ouvrage le plus profond. Mais son approche progressive du phénomène du comique, à partir d'échantillons, offre un modèle exemplaire d'une méthode patiente qui permet à la fois de définir le comique et de sympathiser avec lui. Au fait, le titre que je viens de te conseiller est *Le Rire.*

La philosophie ne s'apprend pas toujours en pleurant.

-27

POURQUOI PAS UNE SCIENCE ?

AVANT DE NOUS QUITTER, il est peut-être temps de dresser un bilan clair de la question des relations entre la philosophie et les sciences. Beaucoup de grands philosophes ont été des savants ; mais aujourd'hui en France, ce sont les littéraires qui ont l'horaire le plus important en philosophie, discipline qui est enseignée – au niveau supérieur – dans les Facultés des Lettres. En outre, nous avons constaté une grande variété de positions : certains philosophes se veulent rigoureusement scientifiques, d'autres au contraire prennent les plus grandes libertés avec les méthodes rationnelles et positives. Comment s'y retrouver ?

Pour répondre, j'utiliserai successivement deux méthodes : l'une historique, l'autre analytique.

Historiquement, la philosophie est née avec la science en Grèce. Elle est *épistémè*, connaissance de ce qui est. La science elle-même n'a jamais formé un bloc homogène. Les premiers sages de la Grèce sont à la fois des astronomes, des physiciens, des moralistes et même des médecins. C'est avec Platon qu'est fixée la première distinction entre les mathématiques et la philosophie proprement dite ; mais distinction n'est pas séparation, encore moins antagonisme. Platon avait fait inscrire à l'entrée de son Académie : « Que nul n'entre ici s'il n'est géomètre » ! Pour lui, les mathématiques sont une première étape, absolument essentielle, de l'accès au monde des idées. La tradition platonicienne est si favorable aux mathématiques que c'est en s'appuyant sur Platon (contre les aristotéliciens) que Galilée fondera la physique mathématique au sens moderne. Mais Aristote lui-même, moins géomètre que Platon, est un grand logicien, un biologiste hors pair. En son temps, c'est un immense savant. Et si l'on passe en revue les grands philosophes modernes, à commencer par Bacon (pionnier de la méthode expérimentale), Descartes (initiateur de la géométrie analytique, chercheur très averti en mécanique, en optique, en cosmologie), Leibniz (inventeur du calcul infinitésimal), on constaterait que le divorce entre science et philosophie est relativement récent.

Faut-il même parler de divorce ? Réfléchissons maintenant en fonction de la délimitation actuelle des champs d'étude des sciences et de la philosophie.

Chaque science a en principe un objet déterminé : les mathématiques étudient les nombres et les relations quantitatives, la physique la nature matérielle, la biologie le vivant. En fait, de nos jours, chacune de ces sciences connaît à son tour une division de son travail de plus en plus poussée : en physique, par exemple, on distinguera la physique théorique, la physique des particules élémentaires, la physique de la matière condensée, l'astrophysique, etc.

La philosophie peut-elle être une science comme les autres ? Si elle n'a pas d'objet propre, mais réfléchit sur les conditions de possibilité des autres sciences, la réponse doit être négative. Et cette réponse, à son tour, peut être entendue en un sens négatif ou en un sens positif.

Négativement : on en conclura que la philosophie ne peut pas être une connaissance rigoureuse comme les autres sciences ; il faut donc l'abandonner ou la subordonner étroitement aux sciences. C'est l'attitude qu'on appelle scientiste.

Positivement : seule la philosophie examine les questions fondamentales que les sciences ne peuvent pas se poser sans transgresser leurs limites constitutives. Si un biologiste se demande : « Qu'est-ce que la vie ? », il ne fait plus de biologie. En fait, il est fréquent que des savants en viennent à se poser des questions philosophiques sur leur propre discipline. Les plus lucides d'entre eux le font en connaissance de cause, c'est-à-dire sans prétendre donner de leçons ni à leurs confrères scientifiques ni aux philosophes. Ils sont très conscients de la difficulté de l'entreprise. Il est arrivé à Einstein lui-même de formuler des propositions philosophiques comme : « Dieu ne joue pas aux dés » ou « Le plus incompréhensible, c'est que le réel soit compréhensible » ; il n'a jamais confondu ces réflexions avec son travail proprement scientifique.

Le caractère à la fois général et fondamental de la réflexion philosophique a assuré à la philosophie, pendant longtemps, le privilège d'être considérée comme la reine des sciences. Plus personne ne soutient désormais une telle position.

Il n'y a plus de science reine ; il n'y a même plus d'archétype unique de la démarche scientifique.

Renverser ce privilège en son inverse est la tentation de certains : mépriser tout ce qui ne relève pas de la science. Mais ce scientisme « dur » n'est-il pas une réaction trop passionnelle, moins rationnelle qu'elle ne le prétend, car enfermée à la fois dans une conception schématique de la science et dans une méconnaissance des possibilités de rigueur et d'analyse du travail philosophique ? S'ils argumentent, les philosophes qui ont adopté une position scientiste restent philosophes : c'est, par exemple, le cas de Carnap et de néopositivistes de l'École de Vienne. Leur souci est de montrer que la philosophie peut s'imposer comme une discipline rigoureuse à condition de renoncer à ses anciennes prétentions. Ce souci, respectable en son principe, mérite d'être discuté en ses réalisations, car tout dépend de l'étendue du « reste » qu'on assignera comme domaine réservé à la philosophie.

On est alors en droit de poser encore quelques questions : ne vous faites-vous pas une conception restrictive de la rigueur ? n'y a-t-il qu'un mode d'accès à la vérité ? n'y a-t-il même qu'un seul type de vérité ?

-28

Justice et vérité

LES SCIENCES peuvent-elles avoir réponse à tout ? Il y a un domaine essentiel où elles doivent être relayées et guidées : c'est celui de l'éthique. Aucune science ne peut nous indiquer si l'exploitation de l'énergie atomique, l'exploration de l'espace, le clonage éventuel d'êtres humains sont moralement bons ou mauvais. Même si elle doit prendre en considération de plus en plus d'informations scientifiques, l'éthique elle-même n'est pas une science. Son souci des fins en fait le cœur même de la philosophie.

Aristote assignait comme but à l'éthique le « bien vivre ». Comment lui donner tort ? Mais la détermination de la nature de ce qui est bien ne va pas de soi : entre l'utile, dont nous avons appris à connaître les limites, et le Bien en soi, dont le rayonnement idéal nous éblouit, il y a le Juste. Mais ce Juste, à son tour, ne sera-t-il qu'un compromis timide permettant d'éviter violences et conflits ? Ou l'élaboration lucide, mais complexe, des meilleures solutions à trouver et des meilleures décisions à prendre pour assurer l'harmonie sociale et le bonheur individuel ? Dans ce cas, il faut faire une *Théorie de la justice* (titre d'un ouvrage du philosophe américain John Rawls), même si la justice ne doit pas rester purement théorique.

Tel est le vaste programme qui constitue le volet pratique de la philosophie. Comment le mener à bien sans souci de la vérité ? Le pratique et le théorique sont étroitement liés : une théorie qui ne débouche sur aucune pratique reste abstraite et comme en suspens ; une pratique qui n'est pas éclairée par la théorie est comparable à une voiture qui avance la nuit sans phares.

Il est apparemment évident de déclarer que le volet théorique de la philosophie est la recherche de la vérité. Ce qui fait alors difficulté est le singulier : désigne-t-il la vérité en général ou la Vérité (à supposer qu'elle soit suprême et unique) ? Aucun des termes de cette alternative n'est tout à fait satisfaisant.

Lorsque se produit l'extraordinaire affrontement entre Ponce Pilate et Jésus, nous avons vu le magistrat romain poser la question philosophique par excellence : « Qu'est-ce que la vérité ? » Toutefois elle semble avoir été formulée avec un accent de profond scepticisme. Admettons un instant que Pilate ait eu raison de penser qu'il est douteux qu'on puisse répondre à une telle question, n'est-ce pas justement la tâche de la philosophie de comprendre pourquoi la recherche de la vérité est une tâche infinie ou impossible ? Et il est désormais clair que l'autre réponse, celle de Jésus (qui se présente comme « la Vérité, la Voie et la Vie »), réclame la foi, et n'est donc pas philosophique.

La recherche philosophique de la vérité ne saurait se poser comme exclusive sans se déjuger. Elle n'écrit pas la Vérité avec une majuscule. Le privilège de la philosophie n'est pas de poser ses propres vérités (à supposer qu'elles soient établies) comme supérieures aux vérités religieuses, scientifiques, etc., mais de réfléchir sur le concept même de vérité et sur les conditions qui assurent un jugement vrai. Dès lors, sa réflexion doit être beaucoup plus spécifiée que celle d'une recherche de la vérité en général. Elle intervient au terme d'une évolution culturelle qui a permis à l'humanité de découvrir déjà bien des vérités différentes et à des niveaux hétérogènes.

Faut-il rejeter tout ce qui se présente comme vrai ? Aristote répond : « Nul ne rate complètement la porte. » Il veut dire que la vérité n'est pas unifiée et ne se donne pas d'un bloc, mais se révèle peu à peu au fil de l'expérience. Le rôle de la philosophie n'est pas de condamner les erreurs, mais de les corriger et de les surmonter, en sélectionnant des vérités dont les conditions d'énonciation et de validité soient clarifiées. Vont alors se poser des questions comme celles-ci : la vérité est-elle fonction de la forme du jugement ou accord avec une réalité extérieure ? Tout jugement vrai est-il réfutable ? Y a-t-il des vérités non démontrables ? La vérité logique est-elle le seul type de vérité ?, etc.

Vérité et justice, justice et vérité : deux faces d'une devise possible de la philosophie. Mais une devise est une annonce fière qui identifie : c'est autour d'elle, par exemple, qu'un noble combattant tente de rallier les membres de son clan, de sa famille, de sa nation.

On pourrait imaginer que les philosophes se regroupent ainsi sur un champ de bataille. Mais la philosophie n'est-elle pas avant tout amour de la sagesse et ne s'adresse-t-elle pas à tous les hommes ? Aussi ne doit-elle pas transformer ses fins en slogans.

29

Quel amour ?

LE PLUS BEAU DIALOGUE de Platon, *Le Banquet*, est consacré à l'amour, à son dieu, Éros, et à ses différentes formes. Au cours d'un repas amical, chacun des convives s'exerce à faire l'éloge de l'amour.

Héritiers d'une longue tradition judéo-chrétienne, nous pourrions nous attendre à ce que l'amour charnel y soit entaché de culpabilité ou méprisé. Il n'en est rien. Mais le plus surprenant, c'est que l'amour se charge d'une valeur philosophique, devenant même l'agent de notre montée vers le monde des idées, alors que Platon ne cache pas qu'il est aussi source de délire et d'égarement, prenant d'abord pour objets de désir des beaux corps de chair et de sang, qui sont loin de la pureté idéale.

L'expression « amour platonique » est trompeuse : elle laisse croire que Platon bannit absolument l'amour physique – ce qui n'est pas le cas. Ce qui est vrai, en revanche, c'est que Platon pense que cet amour physique doit être éclairé par l'harmonie supérieure qu'il reflète et qu'il ne représente qu'une phase de notre ascension vers le Beau et le Bien.

Que cette conception soit très (et peut-être trop) intellectuelle, c'est certain. Même dans la Bible, on trouve (avec le *Cantique des cantiques*) des accents et des évocations plus sensuelles et charnelles de l'amour. L'idéal platonicien ne manque cependant pas de noblesse. Il révèle combien la philosophie, si elle touche le cœur même de la vie, est un mouvement du désir, qui nous fait nous dépasser et qui nous enthousiasme, c'est-à-dire nous conduit vers le Divin.

Après Platon, pourra-t-on jamais philosopher sans amour ? L'amour n'est-il pas logé dans le nom même de philosophie ? Mais est-ce un amour qu'un jeune d'aujourd'hui pourra, ou voudra, partager ? Il y en a des formes contemporaines : lis, par exemple, *La Mort à Venise* de Thomas Mann (qui a inspiré le film de Visconti). C'est une méditation, dans la plus magnifique des villes, sur l'amour impossible du vieux professeur Aschenbach pour la forme idéale d'un jeune adolescent, Tazio.

Ne vas-tu pas juger cette méditation trop philosophique et trop éloignée de la vie réelle ? Qui est prêt à trouver en sa petite amie, en son copain très cher, des reflets de la beauté idéale et du Bien ?

– « C'est trop sublime pour nous ! », me diras-tu.

C'est justement cet écart que Platon veut souligner : il ne cherche nullement à rallier à sa cause la majorité du commun des mortels. Sa conception de l'amour est aristocratique (les *aristoï* sont les meilleurs). Une philosophie moderne, démocratique, ne devra-t-elle pas prôner, avec le christianisme, l'amour universel ?

Avec son « Aimez-vous les uns les autres », Jésus nous a laissé un conseil inoubliable qui ne cesse, hélas, d'être bafoué. Pourquoi ? De nouveau, la réflexion philosophique doit prendre en compte les réalités : l'amour du prochain n'est-il pas trop abstrait pour être vraiment partagé ? Selon Nietzsche, il n'y a eu qu'un seul chrétien et il est mort sur la Croix : l'idéal évangélique, comme toute philanthropie, est une utopie inapplicable et qui cache un esprit de revanche sur le caractère sélectif de la vie.

Nietzsche prône ce qu'il appelle « l'amour du lointain », un amour qui élève et hiérarchise, à la hauteur des possibilités cachées de la vie. Bien qu'il prétende renverser le platonisme, il retrouve la voie d'un amour philosophique supérieur, facteur de dépassement de l'humanité ordinaire.

Ce débat montre à quel point la question de l'amour a été et reste au centre de la philosophie vivante. La place respective du désir physique et de l'attachement à la personne n'a cessé d'être discutée dans toute la tradition philosophique. Alors que la sexualité avait été refoulée pendant des siècles, nous assistons aujourd'hui à son apologie envahissante – mais trop souvent sous des formes violentes ou artificiellement utilisées par la publicité, par les médias. D'un excès, on est passé à l'autre.

Quelles sont les tâches d'une réflexion philosophique, consciente des évolutions récentes, éclairée par les acquis de la psychanalyse et des sciences humaines ? Ne pas rabaisser l'amour humain à ses expressions les plus élémentaires, aborder avec tolérance ses différentes orientations, sauvegarder ses chances de contribuer à la recherche d'une sagesse.

-30

QUELQUES GRAINS DE SAGESSE, QUAND MÊME !

LA SAGESSE est le but pratique de la philosophie. Mais elle fait vieux jeu. On se représente presque toujours le Sage comme un vieillard vénérable, impressionnant ou sympathique, très rarement sous les traits d'une jeune fille ou d'un jeune homme. Notre époque préfère l'extrême. La mesure rebute.

Déjà Salomon juge la sagesse impossible sans l'aide de Dieu. Les traditions religieuses monothéistes considèrent avec méfiance un état d'âme supérieur qui pourrait être atteint en se passant de la grâce divine. Décidément la sagesse n'a pas beaucoup d'amis !

La philosophie elle-même n'est pas si sûre d'elle. Socrate, que l'oracle de Delphes avait désigné comme le plus sage des hommes, récuse ce titre et inaugure cette (fausse ?) modestie philosophique qui consiste à dire qu'on est seulement amant ou ami de la sagesse, à la différence des premiers penseurs grecs qui ne craignaient pas de se proclamer (ou de se laisser appeler) *sophoï*, sages.

La sagesse – même quand elle est prise en considération – est donc essentiellement *recherchée*. Mais pourquoi est-elle considérée comme si difficile, presque impossible à atteindre pour un humain ? On comprend que les religions qui se réclament de la Bible soutiennent cette impossibilité, puisqu'elle résulte du péché d'Adam. Mais la philosophie ?

C'est sa lucidité sur la condition humaine,

faible et soumise aux passions, qui la porte au scepticisme et peut la conduire à des attitudes désabusées : une modestie ironique avec le Voltaire de *Candide* (« Il faut cultiver notre jardin ») ou les paradoxes d'Érasme en son *Éloge de la folie* (« C'est une grande sagesse de savoir être fou à propos »).

Descartes a une position plus mesurée et plus confiante : à défaut d'une sagesse souveraine et omnisciente qui est le privilège de Dieu, l'homme peut s'attacher à maîtriser ses passions en apprenant à les connaître et, s'il sait borner ses désirs, il pourra atteindre une béatitude adaptée à ses limites (tout comme un petit vaisseau est plus facile à remplir qu'un gros).

Voilà qui est donner l'exemple de la modestie sur le chemin de la sagesse ! Il semble bien en effet que l'exercice de la philosophie, comme école de lucidité sur le monde et sur soi, enseigne la mesure et soit ainsi le commencement de la sagesse.

Si les plus grands philosophes ont hésité à se proclamer sages, que dire de nous, modestes apprentis ? Ce qui compte, à vrai dire, n'est pas l'étiquette ou la qualité que l'on s'accorde : c'est le chemin effectivement parcouru.

Alors que notre société technicienne met l'accent sur l'adaptation et la flexibilité, nos décideurs vantent l'intégration, la responsabilité, le sens de la citoyenneté. La question de l'équilibre individuel, le sens de ce qui compte dans la vie semblent relégués au magasin des accessoires. Et l'on considère comme marginaux celles et ceux qui refusent le modèle dominant : notre société se veut efficace, dominatrice et rentable.

J'ai tenu, malgré tout, à conclure sur la sagesse, parce que je ne la crois pas anachronique – pourvu qu'on sache l'aimer en lui découvrant un visage rajeuni et de nouvelles couleurs. Cela n'implique pas forcément un voyage aux Indes. Mais quelque chose comme une interrogation sur ce qui doit vraiment compter dans la vie, quelque chose comme un « pèlerinage aux sources », oui !

À toi de jouer maintenant ! La philosophie vivante comporte toujours un côté personnel qui vient par surcroît. Au-delà des succès scolaires légitimement recherchés, il y a la vie qui t'attend avec ses embûches et ses joies. Pourquoi ne pas aller au-devant d'elle avec un peu de philosophie ?

Si tu penses que je n'ai pas tort, tu sèmeras toi-même ces quelques grains de sagesse : ils fleuriront dans ton jardin secret.

Index des noms propres cités

Quelques lectures conseillées

BACHELARD Gaston,
Le Nouvel esprit scientifique

BERGSON Henri,
Le Rire

COMTE Auguste,
Discours sur l'esprit positif

DESCARTES René,
Discours de la méthode

KANT Immanuel,
Préfaces I et II de la *Critique de la raison pure*

NIETZSCHE Friedrich,
Prologue de *Ainsi parlait Zarathoustra*
La Naissance de la tragédie

PLATON,
Le Banquet

SCHOPENHAUER Arthur,
L'Art d'être heureux en 50 règles de vie
L'Art d'avoir toujours raison

Du même auteur

Une généalogie du spiritualisme français. Aux sources du bergsonisme : Ravaisson et la métaphysique, La Haye, Martinus Nijhoff, 1969, collection « Archives Internationales d'Histoire des Idées », n° 30, X-278 p. [Deuxième édition sous le titre *Ravaisson et la métaphysique*, Paris, Vrin, 1997].

Hegel et le destin de la Grèce, Paris, Vrin, 1975, collection « Bibliothèque d'Histoire de la Philosophie », 379 p. Deuxième édition 2005.

La Métaphysique à la limite. Cinq études sur Heidegger (en collaboration avec Jean-François Mattéi), Paris, PUF, 1983, collection « Épiméthée », 223 p. [traduction américaine sous le titre *Heidegger from Metaphysics to Thought*, par Michael Gendre, State University of New York Press, 1995].

La Puissance du rationnel, Paris, Gallimard, 1985, collection « Bibliothèque des Idées », 389 p. [traduction américaine sous le titre *Powers of the Rational. Science, Technology and the Future of Thought*, par Peg and Elizabeth Birmingham, Bloomington and Indianapolis, Indiana University Press, 1994].

L'Ombre de cette pensée. Heidegger et la question politique, Grenoble, Jérôme Millon, 1990, 187 p. [traduction américaine sous le titre *The Shadow of That Thought*, par Michael Gendre, Evanston, Northwestern University Press, 1996 ; traduction portugaise, Lisbonne, Instituto Piaget, 1998].

Le Tournant théologique de la phénoménologie française, Combas, Éditions de l'Éclat, 1991, collection « Tiré à part », 93 p. [traduction japonaise, Tokyo, Bunkashobo Hakubunsha, 1994 ; [traduction américaine par Bernard G. Prusak sous le titre *The Theological Turn of French Phenomenology*, in *Phenomenology and the « theological Turn ». The French Debate*, New York, Fordham University Press, 2000, p. 1-103].

À nouveau la philosophie, Paris, Albin Michel, 1991, collection « Bibliothèque du Collège International de Philosophie », 234 p. [traduction américaine sous le titre *Rationalities/ Historicities* par Nina Belmonte, Atlantic Highlands (New Jersey), Humanities Press International, 1997].

Chronos. Pour l'intelligence du partage temporel, Paris, Grasset, 1997, collection « Le Collège de Philosophie », 291 p.

La Phénoménologie éclatée, Paris, Éditions de l'Éclat, collection « Tiré à part », 1998, 121 p. [traduction américaine sous le titre *Phenomenology « wide open »* par Charles Cabral, New York, Fordham University Press, 2005].

Heidegger en France, Paris, Albin Michel, 2001, 2 volumes : 1. *Récit,* 600 p. ; 2. *Entretiens,* 295 p. Réédition, Paris, Hachette, collection « Pluriel », 2005.

L'Homme va-t-il dépasser l'humain ?, Paris, Bayard, collection « Le temps d'une question », 2002, 109 p. Traduction anglaise sous le titre *On the Human condition* par Eileen Brennan, London and New York, Routledge, 2005.

Aristote aux Champs-Élysées, Éditions Encre marine, 2003.

ÉDITIONS D'OUVRAGES COLLECTIFS

Nouvelles lectures de Nietzsche, Lausanne, L'Âge d'Homme, 1985, 168 p.

Les Pouvoirs de la science. Un siècle de prise de conscience, Paris, Vrin, 1987, 301 p.

« Être et temps » de Martin Heidegger. Questions de méthode et voies de recherche (en collaboration avec Jean-Pierre Cometti), Marseille, Sud, 1989, 283 p.

L'Intentionnalité en question entre phénoménologie et sciences cognitives, Paris, Vrin, 1995, 400 p.

TRADUCTIONS

Martin Heidegger, « *Hegel und die Griechen* », in *Questions II*, Paris, Gallimard, 1968, pp. 41-68 (en collaboration avec Jean Beaufret).

Martin Heidegger, « Chemin de pays », in *Poésie d'ici n° 7*, Nice, 1980, pp. 76-79 (en collaboration avec Jean Beaufret).

Alfred North Whitehead, *Procès et réalité*, Paris, Gallimard, nrf, 1995, p. 579 (avec Daniel Charles, Maurice Élie, Michel Fuchs, Jean-Luc Gautero, Robert Sasso, Arnaud Villani).

Alphonso Lingis, *L'Ivresse des profondeurs et autres excès*, Paris, Belin, 1997, p. 189.

John Sallis, *Espacement de la raison et de l'imagination dans les textes de Kant, Fichte et Hegel*, Vrin, 1997, p. 166 (avec Maurice Élie, Michel Fuchs, Jean-Luc Gautero, Caëla Gillepsie).

Moritz Schlick, « Du sens de la vie », in *Noésis n° 6*, pp. 19-47, Nice, CRHI, 2003.

Ludwig Wittgenstein, *Recherches logiques,* à paraître chez Gallimard, (avec Françoise Dastur, Maurice Élie, Jean-Luc Gautero, Élisabeth Rigal).

Table

Dominique Janicaud *Les bonheurs de Sophie*

Georges Duthuit *Les Fauves*

Henri Frenay *La nuit finira*

Achevé d'imprimer en octobre 2006
sur les presses de l'imprimerie Chirat (42540 St-Just la Pendue),
pour le compte des éditions Michalon
collection Fonds perdus
selon une maquette fournie par leurs soins.
Dépôt légal : octobre 2006
N° : 1893
ISBN 2-84186-349-2